JN051288

梅崎正直
Masanao Umezaki

自閉症の息子をめぐる大変だけどフツーの日々

中央公論新社

まえがき

僕の長男・洋介（仮名）は28歳。コロナ禍の外出控えで、このところ毎日、ソファでゴロゴロ、アニメを見て過ごしている時間が長く、おなかがポッコリ出てきてしまった。そろそろ中年太りと言っていい年齢だが、アニメが終わると今度は積み木を持ち出して遊んでいる。彼には生まれながら「自閉症」という障害がある。

この本は、僕が編集長を務めている読売新聞の医療・健康・介護サイト「ヨミドクター」に、２０２０年１月から２０２１年１月まで連載していた全25回のコラム「アラサー目前！　自閉症の息子と父の備忘録」をもとに大幅な加筆をしたものだ。連載時には、ヨミドクターのサイトやYahoo!ニュース、LINE NEWS、文春オンラインなどの配信先で多くの読者のお目にかかり、様々なコメントをいただいたが、その中には高齢の方からか、「ネットでは読みづらいから本にして」というお声もあった。このたび、そんな要望にお応えすることができて、大変うれしく思っている。なお、息子を仮名にしているのは、プライバシーに関して本人の意思を確認できないからで、写真も横顔などを除き子ども時代のものを使っている。

障害のある子どもを育てていると、不幸だとか、かわいそうだとか、そんなふうに思われることがある。通常の子育てと違って、確かにしんどい面はあるけれど、だからと言って不運・不幸と思ったことは不思議とない（思うヒマもなかったのかもしれない）。

とりわけ苛酷でも、理想的でもない、いたってフツーな日々を過ごしているわが家のストーリーが、こうして本になることは自分でも意外だが、同じ障害の子を持つ若い親たちの目に触れ、少しでも安心してもらえるなら何より幸せだ。

ヨミドクター編集長

梅崎正直

目次

Ⅱ 洋介の世界

Ⅲ 光のほうへ

Ⅳ 共に育つ

自閉症の息子をめぐる
大変だけどフツーの日々

I

波乱の航海

「個性ではない。障害です」医師の厳しい言葉に……
僕が初めて「自閉症」と向き合った日

「お父さん、これは個性だと思いますか?」

向かい合った医師からそう言われ、反応できなかった。一瞬、問いの真意がわからなかったのだ。

「個性……と思いますが」

「これは個性ではありません。専門家なら見まがうことはない。息子さんは自閉症です」

当の本人は、床に並べた玩具をひたすらいじっている。妻の胸に抱かれた次男がぐずり始めた。

単語が二語文にならず

区役所の保健所（当時）に呼び出されたのは、長男・洋介（仮名）の3歳児健診の後、1996年の冬のことだ。言葉が遅いこと、単語は多く発するが、いっこうに二語文にならないことが、通常の発達と違っていることは感じていた。

公園に行っても、他の子と遊ぶことはなかった。すべり台ばかりを何時間も、日が暮れるまですべり続けて閉口することが多かった。決まった道順でなければ、嫌がって泣いて動かなくなった。ミニカーや電車の模型で遊ぶときは、テーブルの上で車輪が回転するのを、長い時間、至近距離でじっと見ているだけだった。

当時は、「自閉症スペクトラム」という言葉が、ようやく聞かれ始めた頃。いくつかあった専門書を読んだが、そこに書かれている自閉の特徴の中には、わが子には当てはまらないことも多くあった。例えば、「視線が合わない」とか、「くるくると回転するのが好き」とか。ときおり、きらめくように言葉を発することもあって、そのうちおしゃべりし始めるのではないかと期待させた。「障害」はまだ、僕ら夫婦にとって現実の問題とはなっていなかったのだ。

「弟がすぐに追い越す」と

　だから、保健所から呼ばれたときにも、発達に関して相談をする程度に思っていた。部屋に入ると、精神科医とだけ名乗った医師とカウンセラーらが並んでいた。そして、始まってすぐに突然落ちてきたのは、その医師の言葉だった。両親のただならぬ気配を感じ取ったのか、ちょうど1歳になる次男が泣き始めた。すると、医師はこう言った。

「今に、この子が追い越してしまいますよ」

　心の準備がなかった妻から涙がこぼれた。僕はといえば、なぜか顔は笑っていた。不思議なことに、笑いが止められなくなっていた。周りからどう見えているんだろう、おかしな親と思われるんじゃないか……と思っても、それは止められなかった。

　後に、「笑い」をテーマに取材をしたとき、ある大学の先生から教わった。人は予想を超えた衝撃を受けると、笑うことがあるという。「笑うしかない」というのは、そうしなければ自分を支えられないからなのだろうか。どんなに引きつった醜い笑みだったとしても、あの日の僕は。

泣く妻　跳びはねる息子

千葉の郡部に引っ越すことが決まっていた僕らに、

「（大都市の）ここなら様々な支援が受けられますが、引っ越した先には何もありませんよ。覚悟してください」

という言葉が追い打ちをかけた。

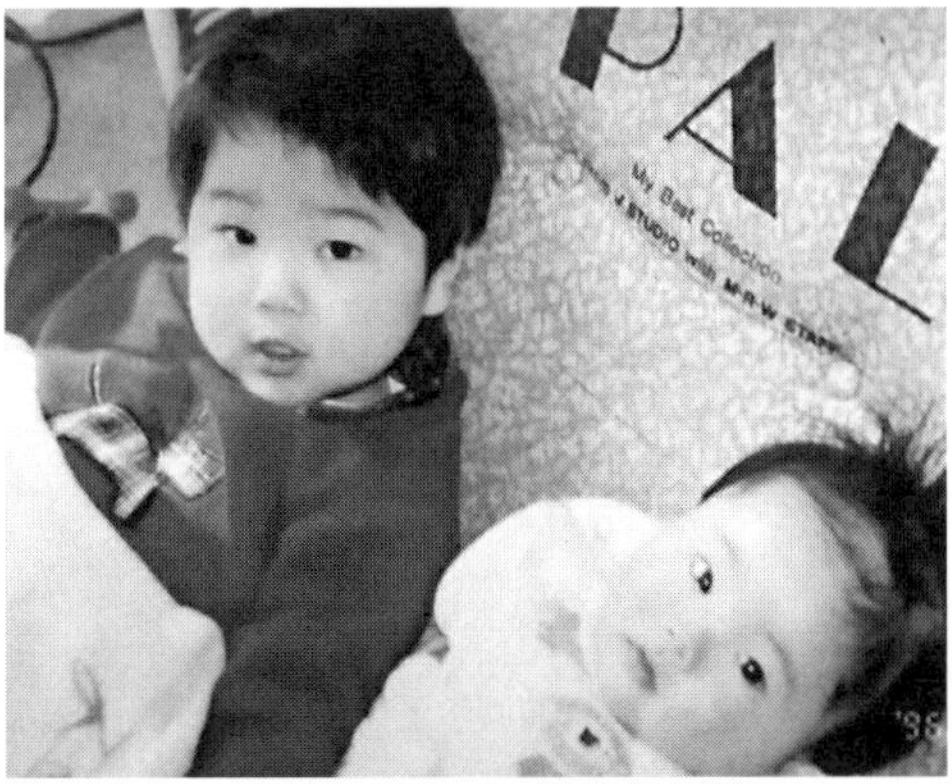

その頃の洋介（左）

まだ泣いている妻と、傍らで上機嫌にぴょんぴょん跳びはねている長男を連れて、区役所からのバスを待った。バスはなかなか来なかった。真っ青に晴れ上がった空に風景がこびりついて、まるで油絵だと思った。

ようやく来たバスで駅に行き、そこで別れた。僕はその足で職場へと向かったのだ。いつもより遅い時間の都心へ向かう列車はすいていて、僕はぼんやりと座っていた。特段、悲しいとも、つらいとも思わなかった。ただ、それまではかわいいだけだった息子とのいろんな思い出や、他人の言葉や、漠然とした考えが、意識を出たり入ったりした。妻と息子たちはちゃんと家に帰れただろうか……。

無意識のうちに涙が…

渋谷を過ぎる前後から人が多くなってくる。40分ほどたって、職場に最寄りの水天宮前駅が近づいた。当時は、そこが地下鉄の終点だった。心の中は空白に近かった。だけど、気がつけば、両目からは涙がボロボロと流れ出ていた。他の乗客が怪訝《けげん》な顔でこちらを見ている。人はおかしいから笑うのでなければ、悲しいから泣くのでもない。ただ、あふれ出るのだと知った。

医師の厳しい言葉は、現実を見ない若い両親の目を覚まさせるためだったのだろうか。思えば、僕と息子の歴史は、この日、始まったのだ。

どうして「ハイハイ」ができないの!?…夫婦でお手本を見せた日々

洋介が生まれたのは、1993年の夏。当時、僕らが住んでいたのは、長野県の南部、南アルプスと中央アルプスに挟まれた伊那谷にある飯田市という小さな城下町だった。

夫婦が結婚したのは1991年。僕が社会人2年目の年だった。今ではあまりやらないと思うが、「結納」つまり婚約をした後に、僕が松本から飯田に転勤することになった。新聞社特有のシステムで、会社が借りている民家に住んで自宅兼仕事場にする「通信部」というものがあり、そこが新婚の住まいとなった。結婚前に二人で引っ越しの作業をすることになったのだが、この2階建ての通信部がなかなかの荒れ具合で、トイレの水はちょろちょろ流れっぱなしだし、湯沸かし器のつまみをひねると頭上から水が降ってきた。畳の部屋に黒いビニールでできた「簡易暗室」があり（当然ながらデジカメではない）、白黒フィルムと印画紙に使用する現像液と定着液にまみれた内部の掃除にはとくに骨が折れた。こうして1階の仕事場、2階の住居部分を2日がかりで掃除した後は、二人とも熱を出してしまった。

「町で一番の病院で産むんだぞ」と上司が

天竜川の河岸段丘に広がる飯田の町には長い商店街が縦横に走って、ところどころに古い蔵があり、りんご並木の緑と赤が鮮やかだった。町はずれの崖の上に立てば、天竜川の向こうに横たわる黒い山脈越しに南アルプスの赤石岳が頭を出していた。独特な伝統文化と自然に恵まれた地。しかし、登山サークルに参加していた学生時代からたびたび訪れ、勝手のわかる松本市内に住むつもりだった妻にとっては、東京の実家からさらに離れ、全くなじみのない町に移り住むのは不安だったろう。言葉には出さないが、それは顔色に表れていた。

ところが、いざ住んでみるとなじむのが早かったのは妻のほうで、隣に住む大家さんに連れられ自治会の若妻会などに入って楽しく暮らしていたし（なんと60代の大家さんも若妻会のメンバーだった）、同業他社の先輩記者の奥さんから頼まれた英語塾の外国人講師2人に日本語を教えるという変わったアルバイトにも通っていた。そして1年がたった頃、妊娠していることがわかったのだった。

当時の上司だった松本支局長から「町で一番の病院で産むんだぞ」と言われ、一番と言われてもよくわからなかったが、郊外の天竜川に近い場所に立派な新病棟を建てたばかりの飯田市立病院を選び、そこで出産する運びとなった。

予定日から2週間過ぎても

1993年といえば、新党ブームの中で自民党が過半数を割り、戦後長く続いた政治の「55年体制」が終わったあの衆院選の年。羽田孜《つとむ》・新生党党首のお膝元だった長野県は全域が熱気に満ち、僕も取材に忙殺された。その選挙区は、北は諏訪地方から飯田・下伊那までとやたらに広く、諏訪通信部は年配の記者、隣の伊那通信部にいた一つ後輩のW君が新婚旅行中だった期間もあって、一人で一日に200キロも車を走らせ取材する日さえあった。そして、その投開票日の7月18日が出産予定日だった。どうなることかと思ったが、実際は予定日から大幅に遅れることとなった。

妻はいったん入院はしたものの、予定日を過ぎても気配がないため、一度退院しなければならなかった。看護師からは「『飯田りんごん』（夏のお祭りで、市街を「りんごん、りんごん……」という歌にのって練り歩く）でも踊っておいで」と言われた。お祭りの後に再度入院したときには、予定日からもう2週間が過ぎていた。妻のおなかは張り裂けんばかりに大きくなっていたが陣痛は訪れない。医師からは「これ以上、陣痛促進剤を使いたくないが、このままにしておくと胎児が突然死することもある」と説明を受けた。不安だったが、「突然死」という言葉に脅されて、結局、陣痛促進剤を継続することにした。

24時間かかった出産

ようやく陣痛が始まったのが8月9日。多忙だった選挙取材を終えた僕は出産に付き添うことができた。しかし、陣痛はなかなか強くなっていかず、生まれたのは24時間後の10日正午頃だった。頭が見えてからも時間がかかり、赤ちゃんが「まだ生まれたくないよ」と言っているようにも思えた。それでも、おなかを押されて出てきた瞬間、僕は助産師さんに「ちょっと向こうに行っててください」と言われていて、見ることはできなかった。出てきても産声を上げることができず、声が出るまでの何秒かはとても長く感じられた。初めて洋介の声を聞いたときは、わけもなく涙が出た。

そんな具合だったので、妻は大変痛く苦しい思いをしただろうが、その間一緒に「ヒー・ヒー・フー」の呼吸法を繰り返しながら、ずっと中腰の姿勢で妻の腰をさすり続けた僕もさすがに疲労困憊《こんぱい》した。

一つの命が生まれた日に

翌日、24時間の付き添いとその後のさまざまな支度で疲れ果て、早い時間からうとうとしていたところに、松本支局のデスクから電話があった。寝ぼけたまま受話器を取ると、「昨日、甲府で女性が誘拐されたらしい。中央道で移動する可能性があるから警戒してほしい」と言う（もちろん、前日に「おめでとう」というやりとりがあった後で）。僕は当然、「はい、わかりました」と答えたが、受話器を置いた姿勢のまま、また眠ってしまったのだった。

「甲府信金ＯＬ誘拐殺人」として、当時、大きく騒がれた事件だった。甲府市にある甲府信用金庫の支店に勤務する19歳の女性が、地元マスメディアを名乗って本店を通じ申し込んできた「取材依頼」に応じ、待ち合わせ場所に向かったが、そのまま行方がわからなくなり、身代金を要求する電話が入った。捜査は非公開で行われ、報道協定も交わされたが、一週間後に遺体で発見された。女性はその日（8月10日）に殺害されていたことがわかった。一つの命が誕生した日に、一つの命が失われた。いつだって当たり前のことだが、この事件の記憶、被害者の写真は、僕の中に、今も強烈な印象を伴って残っている。

あだ名は「ジャンボちゃん」

おなかの中でよく育っていた洋介は、出生時の体重が3685グラム。病棟では「ジャンボちゃん」とあだ名が付けられた。生まれた日からしっかりした顔つきをしていて、出産の手伝いで北九州の実家から来ていた僕の母親に似ていると思った。

ところが、僕はしばらく洋介を抱くことができなかった。すぐに保育器に移されたからだ。医師の説明では、羊水感染をし、黄疸《おうだん》が出ているとのことで、抗生剤の点滴を受けた。1週間もすると状態は良くなり、9日目には退院することができた。その間はとても長く感じられたが、初めて洋介を抱くことができた日、退院して家に迎えることができた日はうれしかった。しかし、洋介が保育器の中にいたときに医師が言った「後々、何か問題が出るかもしれませんね……」という言葉が胸に引っかかっていた。

楽しい日々の中で…

自宅の読売新聞飯田通信部に連れ戻ってからは、初めての育児に翻弄《ほんろう》されながらも、充実した日々だった。洋介は、色白で、よく笑い、愛嬌《あいきょう》満点の赤ちゃんだった。ベビーカーで街を行けば、すれ違う人が皆振り返って見ているような気がした「親ばか」ぶりだった。その頃のアルバムには、自宅の仕事部屋で洋介を膝に置き、記事を書くための社有ワープロに向かっている僕の写真も残っている。しかし、今思うと、通常の発育と違う点が一つあった。「ハイハイ」ができないのだった。

親がお手本を見せなくては

寝返りを打って、うつぶせにはなるところまでは順調だったが、そこから前には進まない。手足を動かして前進するのが難しいようだった。そうこうしているうちに、洋介なりに進む方法を見いだした。あおむけのまま、足と背筋の力を使って、背中でずりばいして来るのだ。僕のほうを上目遣いに見ながら、頭からズリズリと進んでくる様子は、今でも目に浮かぶ。

若かった僕ら夫婦は、「ハイハイって、誰かが教えなければ、できるようにならないのかも」と考えた。

であれば、親がお手本を見せなくてはいけない。そこで、夫婦そろって、「洋ちゃん、こうだよ。イチ、ニ、イチ、ニ……」と、ハイハイをして見せることにした。当の洋介は、自分の周りをママとパパが四つんばいでぐるぐる周回しているのを、あおむけで反り返りながら、毎日もの珍しそうに眺めていたのだった。

ハイハイという動作は、考えてみると複雑だ。両腕と両足を連携させて、リズミカルに動かす必要がある。通常の発育では自然と身につくのだろうが、発達障害のある子どもの場合は、苦手だったり、できなかったりすることがあるそうだ。自閉症の洋介にとっては、とても難しい課題だったのかもしれない。

ハイハイせずに立っちゃった！

そして、強く反り返る動きも、発達障害の場合にしばしば見られることだという。あおむけのままズリズリ進んでくる動きは、まさにそうだった。背中側に反り返る力が強いために、抱っこをするのが大変だったことも思い出す。いつも腕に力を入れていないと、そのまま後頭部から落っこちてしまいそうになるのだ。お出かけの日に抱っこしていると、両腕がひどい筋肉痛になった。一般の子との違いは、次男が生まれて初めてわかった。ちゃんとこちらにもたれかかってくれるので、「抱っこって、こんなに楽だったのか」と思った。今振り返ると、洋介の成長過程には、発達障害に典型的な傾向が少なからずあったのだ。

そんなことも全く知らない僕ら夫婦は、諦めることなく二人でハイハイを続けていたが、あるとき、洋介はベッドのへりをつかんで、すくっと立ち上がってしまった。ハイハイをせずに、いきなり、たっちができたわけだ。それも発達障害の場合にはよくあることらしいが、僕らは「ま、いいか。立っちゃったんだから」と、能天気な親だったのである。

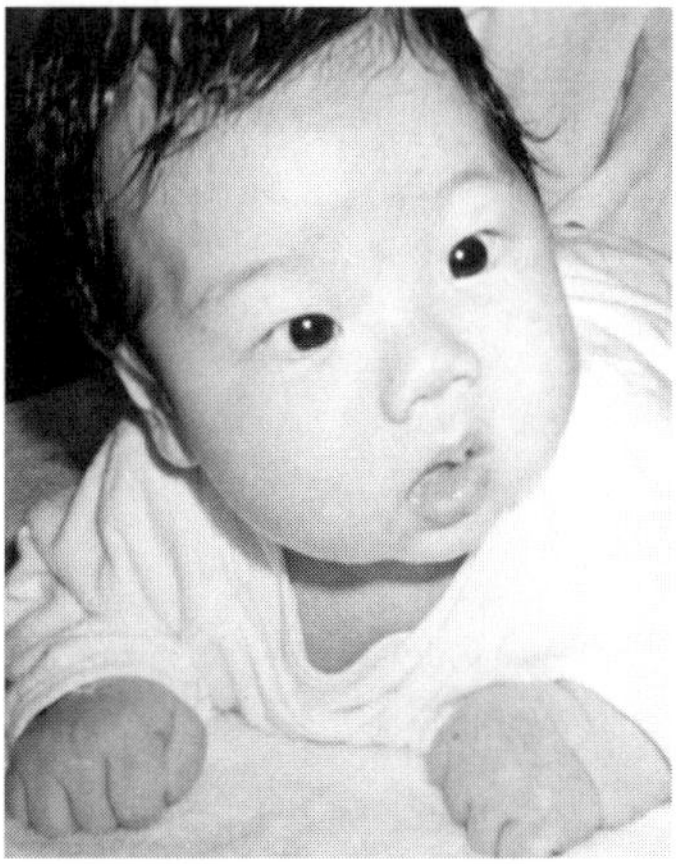

アルバムには「生後2か月で、もう前進しそう」という言葉が添えられているが、結局、この姿勢から進むことはなかった

楽しかった飯田を離れ横浜へ

たまたま仕事場と家が一体だったこと

もあり、生まれたばかりの洋介と3人の暮らしは新鮮で楽しいものだったが、翌年の3月には辞令が出て、飯田の町を離れることになった。引っ越しの日には、伊那のW君の新婚の奥さんが手伝いに来てくれて、ベッドに置いたとたんに泣き出す洋介をずっと抱っこしていてくれたのはありがたかった。この町に来たときは不安が勝《まさ》っていた妻だったが、離れるときに、大家さんと手を取り合って泣いていたのは妻のほうだった。

荷物を送り出した後、下伊那の険しい山道用でもあったカローラの四駆で、親子三人、横浜のアパートに向かった。ガードレールもない山道と高速道路を交互に走らせて2年で16万キロも酷使したカローラは、途中、笹子トンネルへの上り坂で止まりそうになってかなり焦ったが、車に乗ると落ち着くことが多い洋介は、遅い時間にもかかわらず、目をパッチリ開けて上機嫌だった。続くいくつかのトンネルでは、できるだけ加速をつけてなんとか上り切り（この車は僕らを横浜に送り届けたまま動かなくなった）、広大な夜空と関東平野の夜景が目に入ってきたときは、これから始まる親子での新しい生活に胸が膨らむのを感じた。まもなく、「障害」という未知の世界と3人で向き合うことになるとは、思ってもいなかった。

そこに見える「二語文」の岸辺　でも手が届かない…言葉の遅れに悩んだ頃

「オーキナ、ロッポノ、フードケイ――」

機嫌がいいときはよく歌っている。指揮者のように指も振る。さらに、最上級に機嫌がいいと、口笛もフィフィと吹く。昔、歌った曲もおぼえていて、気がついたら小学校の校歌を歌っていたり、かと思えば、嵐の「A・RA・SHI」を口ずさんでいたり。誰が教えたものでもないが、いつの間にか歌っている。洋介の記憶力たるや相当なものだ。だけど、歌詞を言葉のつながりとしておぼえているかはわからない。

何時間も続く「深夜の儀式」

発語は早いほうだった。手当たり次第に指さして、「これは何だ?」と聞く。野菜の名前、乗り物の名前、動物の名前……。それはしつこくて、こっちが嫌になるくらいに聞いてきたものだ。

次男が生まれる前後に妻が入院している間、僕らは2人で東京・世田谷の妻の実家に身を寄せていたのだが、寝床では毎晩、特急列車がいっぱい載っている絵本を何冊も読まされた。洋介はもう全ての列車の名前を知っているのに、列車を一つ一つ指さし、僕に答えさせるのだ。

「これは、あずさだね」「くろしお」「トワイライトエクスプレス」……。なぜか「スーパーひたち」と「房総ビューエクスプレス」が好きで、何度も何度も言わされるから、僕も全部おぼえてしまった。

これが儀式のように毎夜、何時間も続いた。なかなか眠ってくれなくて、こちらが参ってしまう。「そんなに好きなら」と、後に洋介を東京駅に連れていったことがあるが、なんと本物の列車には全く関心がないのだった!

以前はできていたことができなくなり

こんなふうに大量の単語を詰め込んでいるはずの洋介だが、それが「ご飯を食べる」のような二語文にはなっていかなかった。相手の言葉を繰り返す「オウム返し」も多かった。単語の海の中、すぐそこに見えている岸辺なのに、なぜか永遠に手が届かないような、そんな気がしていた。

そして、その予感の通り、言葉の発達は、ほぼその時点から止まってしまった。むしろ、後退するかのように、発語の数も少なくなっていった。両親の焦りが伝わるのか、洋介の表情も暗くなっていったのが、今、改めて当時の写真を眺めるとわかる。

ヨミドクターのコラム「子どものココロ」を連載していた信州大学教授の精神科医、本田秀夫さんは、言葉の遅れの原因が知的障害にある場合、「本人が理解できるペースで学習すれば、ゆっくりとはいえ着実に身につく部分がありますが、なんとか通常のペースに追いつかせようと親や教師が焦って無理な指導を行うと、本来なら学べるはずのことを学び損ねるだけでなく、自信や意欲を失い、二次的に抑うつなどの精神症状を合併することがあります」と解説している。もっとも、洋介の言葉の遅れが知的障害によるのかどうかさえ、この頃の僕らはわかっていなかったのだが。

以前はできていたものが、できなくなる。障害のある子どもを育てる親の中には、同じような経験をした人もいるのではないだろうか。そして、「こんなはずではない」と考え、

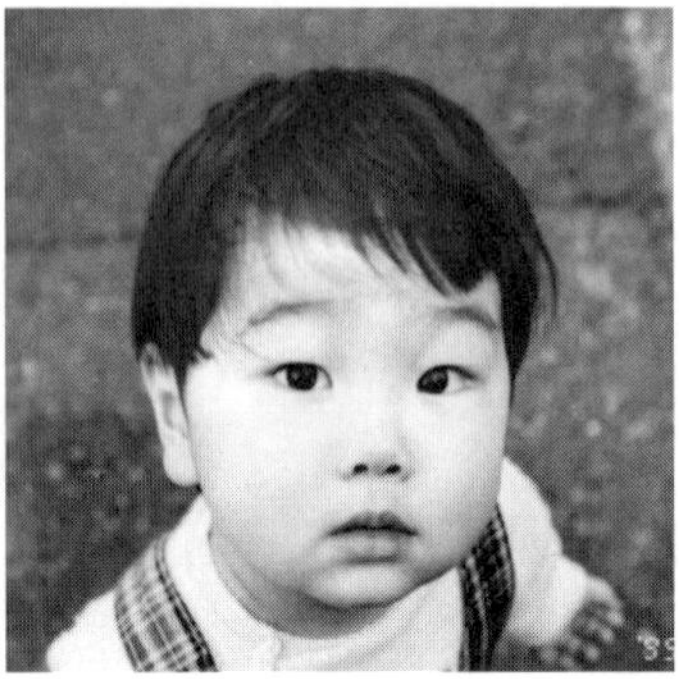
言葉が急に失われていった２歳の頃

頑なになり、障害の受容にも影響することがある。障害のある女の子（今は立派な大人だが）を育てた父親の大先輩から聞いた話では、３歳まではパパの膝の上で、自分で絵本を読むのが大好きだった娘が、あるときから突然、話さなくなったのだそうだ。原因を知って元の娘を取り戻すために、父親は医師や専門家を探して走り回ったが、その願いは叶《かな》わなかった。そういう話を聞くと、せつなくなる。

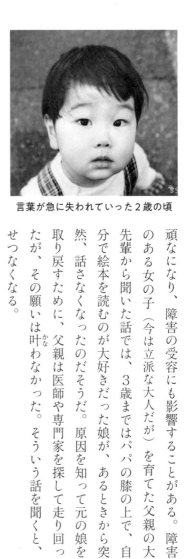

ステップを踏むようには…

洋介の場合、おしゃべりの他に、「トイレ」もそうだった。「しまじろう」のビデオにあったトイレの歌を「ト、ト、ト、ト、トイレ……」と口ずさみながら、簡単にオムツを卒業して、トイレでできるようになった。それは他の子よりも早いくらいだったのだが、大人になった今は紙パンツをはいている。

ステップを踏んで着実に成長していくのが一般的な子育てなのかもしれないが、障害のある子の場合には、必ずしも当てはまらない。これに直面した親は焦り、失望する。「こうした成長の仕方も個性であり、その子にとっては自然なことなのだ」と受け入れられるまでには時間がかかるものだ。

今の願いは

洋介が3歳の頃だったか、茨城の鹿嶋に縁のある友人の招きで、鹿島アントラーズと名古屋グランパス（その頃はストイコビッチがいた）の試合を見に行ったことがあり、試合の前に鹿島神宮を案内してもらった。洋介の手を引いて鯉がいる池に近づいたとき、子どもの歌うような声が聞こえた。

「お魚さんがこんなにいます」

周囲を見回すと誰もいない。洋介しかいないのだった。妻からは今も「空耳だ」と言われるが、僕にはどうしても洋介がしゃべったとしか思えなかった。確かな現実感があったのだ。

そんなことがあったために、「いつかはお話ができるようになるのではないか」……という期待が捨てられなかった。そのために、かえって障害を受け入れるのが遅くなってしまったことも事実だ。

結論を言えば、それから20年以上がたった今も、二語文は洋介の口からほとんど出てこない。例外的に「オフロハイル」があり、この頃は、「ソウジキカケル」を聞くこともあるが、それくらい。ちなみに、なぜか掃除機が大好きで、妻が掃除機をかけているときは、いつもカメラマンの助手のようにコードを持ってお世話していて、なかなかいいコンビに見える。もっとも、一日に何度もちらかして掃除の原因を作っているのも洋介なのだが。

言葉が出ないとはいえ、「冷蔵庫からお茶を持ってきて」と頼めば持ってきてくれるし、こちらの言うことはだいたい理解してくれる。玩具売り場に行けば、10年以上前に一度遊んだだけのおもちゃを、「これは知ってる!」と、得意顔で指さしたりもする。彼の頭の中に大量の言葉と情報が詰まっているのは間違いなく、うまく出口を見つけられないだけなのかもしれない。

今、僕の一番の願望は、「死ぬまでに、一度でもいいから洋介と話してみたい」ということだ。それを想像するのは楽しいが、「あのときパパにこう言われた」「ひどく叱られて傷ついた」などと、何を言われるかわからないので、ちょっと怖かったりする。

「来てもらっては困る」と言われた幼稚園で……

卒業、入学シーズンは、晴れやかな門出と言うより、なにかと問題を抱えた思い出が多い。

前に住んでいた横浜の医師に、「引っ越した先には自閉症へのサポートはない」と脅されながら、千葉の郡部に移り住んだのが１９９７年。洋介は３歳だった。

横浜のアパートでは、ちょっと目を離したすきに脱走して車にはねられそうになったことが何度かあったため、できるだけ車通りの少ない環境をと考えたが、横浜・川崎地区で希望に合う立地を探すのは難しかったし、価格も高かった。そこで思いきって千葉の北総《ほくそう》台地に開発中だったニュータウンを見に来たところ、そこはまだ、だだっ広い原野があるだけで、帰りぎわ、目の前にふらっと赤とんぼが飛んできた。「それが決め手だった」と言うとおかしいが、不思議と気持ちが落ち着いたのである。

洋介はちょうど幼稚園の年少組に入る年だったが、転居のバタバタと、まだ二語文が出てこない本人の状態もあり、入園は翌年に先送りしたのだった。その間は、音楽教室にスイミングスクール、隣駅のショッピングセンターにあったドラえもんがキャラクターの幼児教室など、なにか刺激になりそうなものには片っ端から入会した。近隣の市町にあった療育施設などにも、車で片道40~50分かけて通った。

しかし、幼児教室の先生が、「みんなが歌っている間、一人でカーテンと一緒に揺れていました」と報告したような状態がめざましく変わることはなく、あっという間に1年が過ぎたのだった。

幼なじみの子が〝告発〟

4歳の春、洋介は、年中組から地元の公立幼稚園に入った。近所の同い年の子どもたちが通う幼稚園だったが、入園式で年配の園長が強調したのは、

「身の回りのことを自分でできない子が、来てもらっては困ります」

ということだった。それを聞いたとき、当の親は意に介さなかったが、近所のママ友か

ら「言われちゃったね」と耳打ちされて、「ああ、洋介のことなのか」と気がついた。

新しい制服に身を包み、初めは機嫌よく通園していた洋介だったが、1週間もしないうちに、朝には両耳を押さえ、幼稚園に行くのを嫌がるようになった。すると、幼なじみで同じクラスになった女の子が、「あのね、洋ちゃんが幼稚園で先生に○○○されてる……」と教えてくれた。4歳児の証言しかなく、はっきり書くことができないが、このまま通わせておけないと考え、妻がすぐに退園を申し出た。その際、園長と担任からは、理由を聞かれることも、引き止められることもなかったという。新調した制服も、わずか2週間ほどで不要になってしまった。

新しい制服もすぐに不要に

転園してのびのび

お向かいのお母さんの紹介で移った隣町の私立幼稚園では、過去に同様な子を受け入れた経験もあり、快く洋介を入園させてくれた。介助の先生を付ける手続きのため、初めて正式に医師の診断を受けた。このときの診断名は「多動性障害」ということだった。

農村部にある園は、広い敷地に手作りのアスレチックがあり、園児が毎日、泥遊び、水遊びができる個性的なところだった。その当時は、衛生面の懸念から学校や幼稚園の飼育小屋がなくなっていった時期だったが、この園ではヤギやウサギなどの動物をたくさん飼っていて、おおらかな雰囲気があった。そして前の園と違い、担任と介助の若い2人の先生が、とてもよく洋介の面倒を見てくれていた。のびのびとしているせいか、園児もその親も、他の子と同じように行動できない洋介に対して寛容に見えた。そういえば、言葉を話さない洋介のことを、「洋ちゃんはエスパーなんだ。なんでも知ってるんだ」なんて言っている子もいたな。

終業式で先生が泣き出し…

1年がたって、年中組の終業式の日。このクラスでは最後のあいさつをする担任の先生が突然、

「このクラスには、発達に遅れのある子がいます。保護者のみなさんには、ご心配をおか

けしましたが、このクラスの子どもたちはとても優しい子ばかりです……」

と言って、ほろほろと涙を流し始めた。その瞬間、教室の隅でひっそりとしていた僕ら夫婦にスポットライトが当たった。そうか、先生、そんなに苦労してたのか。全然知らなくて申しわけなく思うと同時に、この1年、保護者からどれだけの意見や苦情があったのか……と想像した。

するとどこからか、

2か所目の幼稚園で友だちとのびのび

「お母さんからも……」
と促す声。戸惑いながらも妻がいくらか、「お世話になりました」などと話したと思う。その場は、なぜか「感動的」な雰囲気になっていて、涙するお母さんたちもいたけれど、僕はモヤモヤした気持ちでいた。妻も、頭は下げたものの、何か腑に落ちないようだった。もちろん感謝はしているが、あの終業式の日については、「あれでよかったのだろうか」と今でも考える。

人を変える力

思えば、洋介に障害があることを医師に断言された3歳のときから、小学校に入るまでの約3年間は、僕ら家族にとって最も苦しい時期だったかもしれない。当時はまだ少なかった専門書を読み漁っても、「予後は不良」などと悲観的な言葉ばかりが目についた。「治療で状態が良くなるものではない」ということが、すぐには受け入れがたかった。

その一方で、一部の〝専門家〟の本には、「自閉症は訓練すれば治る」といったものもまだあった。鎖場のある山道を歩かせるなど危険を伴うスパルタな内容で、素人目にも虐待と紙一重に思えた。それでも、そこに望みを託す親は少なからずいただろう。

わが子を、自閉症を含む一つの個性として受け入れるまで、僕には時間が必要だった。「こんなはずじゃない」という思いが消えなかった。現実を受容することが、少しずつ可能になるまでの葛藤、格闘、孤独、家庭内の緊張……。親がそんな状態だから、知らず知らず、洋介にもストレスを浴びせていたのだろう。突然、街中でパニックを起こすことも、この時期、多かった。

ところで、あの若かった担任の先生とは年賀状だけのつき合いになってしまったが、幼稚園はやめ、いつからか、障害者の通所施設で働いているという。洋介を任されて苦労した時間が「原点」となっているそうだ。障害があってもなくても、人は人を変え、周囲に新しい動きを起こす力を秘めている。

◇

「入園を申し込んだ幼稚園全てに断られた」

幼稚園への入園は、今も障害のある子と家族にとって一つの壁となっているようだ。難病の娘さんを育てる写真家の女性Wさんにインタビューした際も、今から数年前のことだけれど、「入園を申し込んだ幼稚園全てに断られた」と聞いた。埼玉県の地方都市でのことだ。

娘さんは生後9か月のときにてんかん発作を起こし、難病の結節性硬化症と診断された。「心エコーやMRIなどの検査をして、診断が出るまでの1週間は、ネットサーフィンをしまくりました。調べても、深刻な良くない情報ばかりで、『そうではない情報はないのか』と必死に探して……。その1週間は、本当に地獄でしたね」

その気持ちはよくわかる。洋介が自閉症であると保健所で指摘されたのは、ちょうど「Windows95」の大ブームでわが家にもようやく最初のパソコンがやって来たかどうかの時期だったから、まだネットで調べるという発想はなかった。その代わり、先に書いたように、書店を何軒も回っては、良くなるものなのか、治療法はないのか、本当は障害ではないのではないか……と、ちょっとでも希望が持てる情報を、僕も必死で探したものだ。その頃は、やはり僕も地獄にいたのかもしれない。

Wさんは、「てんかんで倒れて頭をぶつけないように、常に見守って、自分のトイレにも抱いて行きました。とにかく目を離してはいけないと、ノイローゼのようでした」という苦しい時期を経て、娘さんを年少から幼稚園に入れようとしたが、「基礎疾患のある子どもはだめ」ということで、申し込んだ全ての園に断られた。結局、年少の年から市立の療育園に通い、年長になってようやく、介助の保育士付きで保育園に入ることができた。その際、共働きでないと保育園に入れないため、写真家として「開業」したのだという。障害や病気のある子の入園・入学の際、親が相当なエネルギーを使わなければならないケースは、やはり多いのではないだろうか。

今も受け入れは一部の園

保育園、幼稚園の職員向けに、発達障害の子どもの保育だけをテーマとした定期雑誌『ＰｒｉＰｒｉパレット』（世界文化社）が２０２１年になって創刊された。どんな背景があったのか。出版社に出向き、源嶋《げんじま》さやか編集長に話を聞いた。

そもそもの出発点は２００７年、一般的な保育雑誌に設けた単色2ページの連載だったという。自閉症や注意欠陥多動性障害、学習障害などへの支援を定めた発達障害者支援法が施行されたのが２００５年4月。「発達障害」という言葉自体がまだ、保育士や幼稚園の先生らの間でもあまり知られていなかった頃だった。しかし、現実には、通常学級にいる子の６・５％ほどに発達障害があると言われる実態があり、その前段階である保育の現場でも情報を必要としていた。そのニーズに応え、発達に課題のある子どもへの対応を教える特集や付録の教材などが増えていき、ついには一冊の雑誌へと発展したのだという。

創刊号の特集には、障害の受容など複雑な思いを抱えた保護者に対し、保育者がどう関係を作っていけばいいかという難しい問題を考えるものもあった。

保育園、幼稚園の取材を長年重ねてきた源嶋編集長は、

「認可の保育園では、入園まで保護者と直接のやり取りをすることがないので、子どもたちが入ってきてから個々の発達の課題に対応しなければいけない。その点で苦労されています」

と話す。そういったところでは、発達障害のある子どもの受け入れに試行錯誤を続けていて、雑誌の特集へのニーズも高いのだろう。しかし、その一方で、

「幼稚園は事情が違い、保護者が入園を申し込みますから、そこで断る園も多い。最近、埼玉の幼稚園で聞いた話では、発達障害の子を受け入れているその園に入園希望者が集中し、『マンパワーが追いつかないために、受け入れたくてもできなくなった』ということでした」

とも。洋介が幼稚園児だった頃から、すでに20年以上がたっているが、状況はそう変わっていないことにため息が出た。

父は何度でもプールサイドを走る…3年通った水泳教室を退会させられた理由

暑い季節、洋介が楽しみにしているのがプールだ。海も大好き。水を怖がらないどころか、なんと泳げるのである。といっても、クロールや平泳ぎができるわけではない。あおむけにプカーっと浮かんで、いつまでも気ままに漂っている。気が向くと、寝返りのようにクルっと一回転して笑っている。「ラッコか！」と思う。

唯一、長続きした習い事

3歳から小学校に入るまで、洋介は様々な習い事に通った。言葉の発達を促す療育施設はもとより、音楽教室やリトミック、ショッピングセンターの中にあった幼児教室など。大量の単語を口にしていた2歳の頃から、だんだんと失われていった言葉が、何かのきっかけで戻ってくるのではないかという親の勝手な期待のため、この頃の洋介はかなりハードスケジュールを強いられていた。

「ちょっとでも刺激になれば」と単純に考えたわけだが、目に見える変化は表れず、長続きしなかったものがほとんど。その中で唯一、洋介が気に入って毎回行きたがったのがスイミングスクールだった。

4歳で入会したときから、他の子のように指示通り動くのは難しかった。それでも、インストラクターが洋介の状態を理解して、気長につき合ってくれるのが良かった。普段から体に力が入り、緊張で硬くなることが多いのは自閉症スペクトラムの特徴の一つでもあるが、見学席のガラス越しに見る水中の洋介は、いつもの緊張が和らいで、いい表情に見えた。「選手コース」に進むのが目的ではなかったので、楽しく1時間、過ごせればよかった。

「もう、来ないで」と言われ

ところが、時間がたつにつれ、同い年の子たちはそれぞれに上達し、上のクラスに移っていく。代わって、さらに小さい子たちが入ってきては、また進級していく……ということを繰り返すうちに、いつの間にか、幼児クラスの中に、ひときわ座高の高い洋介が交じっているという絵面《えづら》になっていた。

さらに、その頃、再び排泄《はいせつ》がうまくいかなくなっていた。プールでは大量に水を飲んでいることが多く、そのため紙パンツを併用したが、更衣室では、他の親に見られないように注意した（でもバレていた）。何度か、プールで大きいほうをもよおす〝事件〟があり、「もう、来ないで」とスクールから断られたのは、通い始めてから3年もたった頃だった。長い間、洋介の個性に合わせて指導してくれたスクールだったから、けっして「厄介払い」という意味合いではなかったと思う。他の保護者たちからの要求を聞くしかなかったのだろう。洋介の数少ない楽しみがなくなってしまうのは、親としてせつなかった。

行ける場所がだんだんなくなって…

そんな悲しい終わり方をしたスイミングスクール通いだったが、この時期、同じような出来事が重なった。

じっとしていられない洋介の髪を切ってくれていた近所の理容店があった。スタッフの中にきわめて手際のよい女性の理容師さんがいて、その人の手にかかると、洋介が渡され

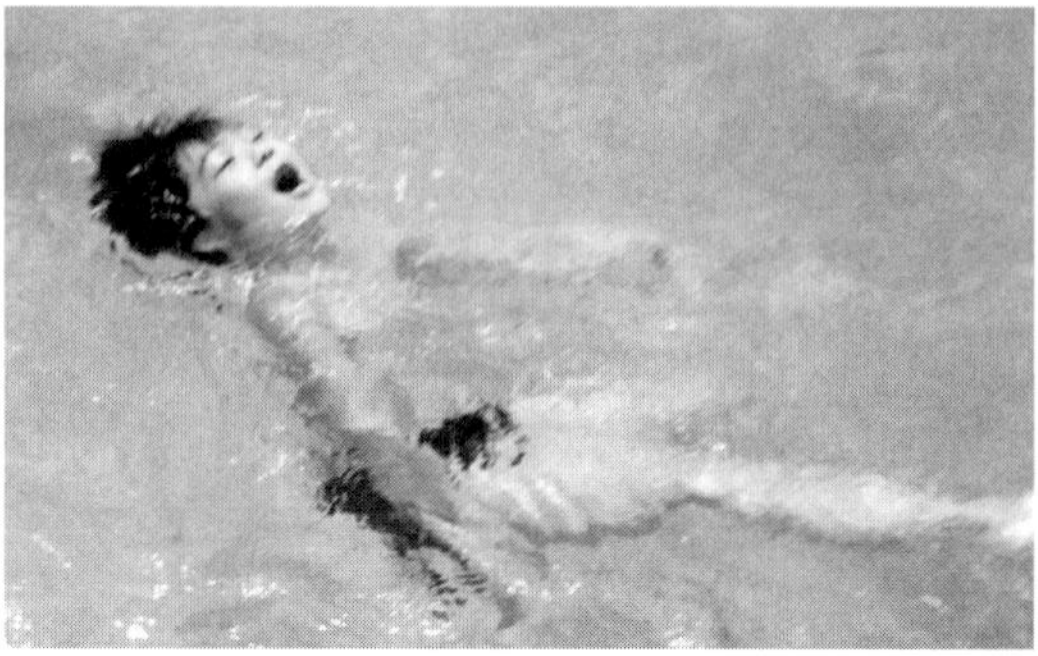

こんな感じです

たアイスキャンディーを食べ終わるまでに、ほとんどの作業が終わっているのだった。

しかし、この人が遠くの店に移籍したとたん、入り口で断られてしまった。こちらは、〝厄介払い感〟満載であった。以降、約15年間、お店で髪を切ることはできなかった。

これまで、受け入れてくれていた施設やお店に、突然、断られることはたまにある。それが相次ぎ、どんどん世界が狭くなっていくような、つらい思いをしたのが小学校の低学年の頃だった。

右手に洋介、左手には…

とはいえ、あのスイミングスクールのおかげで、洋介は水を怖がらなくなったし、妙なスタイルながら、少しは泳ぐことができるようになった。その後も、夏になると、プールを楽しみにするようになった。ただ、水に入るとおなかが冷え、もよおしてしまうことはたびたびあった。混み合う人々の間を、右手で洋介の手を握り、左手に○○○を乗せ、ほんとは走ってはいけないプールサイドを何度走ったことだろうか……。

そんな記憶も遠く感じる、コロナ去らぬ夏。

本気のラブレターをもらってきた日…
「養護学校」の就学通知書に反して入った小学校で

幼稚園入園をめぐっては苦労したが、小学校入学もすんなりとはいかなかった。

入学する前の年末に届く就学通知書には「養護学校（今の特別支援学校）」と記されていた。隣の村（当時）にある養護学校には、自宅近くからスクールバスでの往復になる。それまで一緒に育った子どもたちの中で、洋介だけが引き離されることには不満だった。そこで、住んでいる自治体の公立小学校を調べたが、特別学級（この地域での呼称、今の特別支援学級）はどこにもなかった。障害のある子は、いったいどこに行ったのだろう（軽度の子が通常学級にいることはあったかもしれない）。ここに引っ越してくる前に医師に告げられた、「（自閉症へのサポートは）何もありませんよ」との言葉を思い出した。

公立幼稚園を2週間ほどで退園しなければならなかった経験からまだ2年で、地元の教育委員会への不信感は拭えていなかった。隣市町の教育委員会をも巻き込んだすったもんだの末（詳しく述べても面白くないから省略）、地元教育委員会の人が自宅を訪ねてきて、「特別学級を作りますから、入学してください」と切り出した。隣市からのプレッシャーもあったようだ。こうして、洋介のために、地域で唯一の特別学級が開設されることになった。それが決まったのは、もう2月にもなろうかという時期で、急きょ、一人の若い女の先生が呼び寄せられ、洋介と一対一の「たんぽぽ学級」（仮称）が作られたのだった。洋介は、この特別学級と同学年の通常学級に席を置き、行き来しながら学校生活を送ることになった。

小さな紙を開くと…

初めてできた特別学級に、子どもたちは興味津々だった。ニュータウンの開発とともに開校した学校で、当時としては珍しく各教室の廊下側の壁がないオープンな作りの校舎だったこともあり、通常学級の子どもたちが自由に出入りしていた。なにしろ、自分たちの教室にはない楽しげな絵本やおもちゃのような教材がたくさんあって、畳のスペースもあったから、休み時間に入り浸る子もいたようだ。そういった教材や遊具も、洋介が入学したことでそろえられたのだろう。洋介も自然に溶け込んでいて、とくに上級生の女の子が、寄ってたかって世話を焼いてくれることが多かった。

2年生になった頃だったか、洋介がお手紙を持って帰って来たことがあった。かわいらしく折りたたまれたそれを開くと、少し年上の女の子からだった。妻が中身を読んで驚いたことに、それはなんと「ラブレター」だった。

たまたま、自宅に来ていた友人夫妻に、「どう思う?」と言って見てもらうと、「これ、本気のラブレターじゃん!」との判定。

全文がどうだったかは忘れてしまったが、「あしたもまた会えるかなと思うと……」とあったのはおぼえている。

「子どもってすごいね」

その頃の洋介は、自分のツバを指で飛ばすのがマイブームで、周りに迷惑がられていたし、一時期うまくいっていたトイレも失敗が多くなり、学校でもよくパンツをはきかえていた。話しかけても、答えてはくれない。が、それでも……。僕らは感動して、「子どもってすごいね」と言い合ったのだった。

ただ一人のたんぽぽ組の子どもだったことで全校的に有名人となったのは、洋介にとっては良かった。郡市の特別学級の子どもたちが集まる運動会では、プラカードを持って先生と2人で行進し、先生の結婚式にも唯一の教え子として参列した。

たった一人から始まった特別学級

低学年の頃の洋介は、ひたすら数字やひらがなを書いていて、膨大な量のプリント類を持ち帰った。50音を全ておぼえ、1から100までの数字を言うことができるのは、このときの練習のおかげである。ひらがなで名前を書く練習にもずいぶん時間を費やし、今も当時の習慣で、「ウ・メ・ザ・キ・ヨ・ウ・ス・ケ」と言いながら名前を書くことがある。ただ、それぞれの文字を書く位置を指定しないと、同じ場所に8文字全部を重ねて書いてしまうのでグシャグシャになる。学習発表会では、並んで歌っている同級生たちの傍らで、特別学級の先生と2人で座ってリズムを取っていたのがカワイイと親学級の同級生のお父

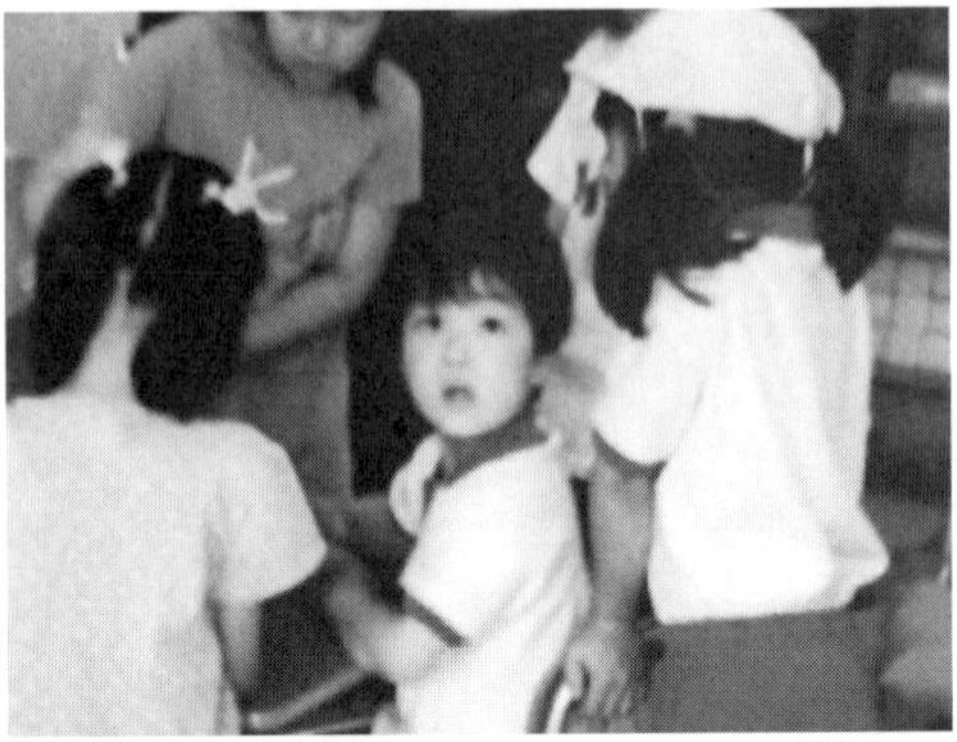

休み時間には、上級生の女の子たちが絵本を読んでくれた

さんたちに好評だったそうだが、このカワイイは無論、先生に向けられたものだった。

3、4年生の頃に取り組んだプリント類がクローゼットの中から出てきたので見てみると、絵の下に「とまと」「いぬ」「つめ」……とひらがなを書いて練習した紙が年間に数百枚もとじられていた。金魚が何匹いるか絵を見て数字を書く、時計の針で時間を知るといった課題や、なんと足し算のプリントまで。この時期は、担任の先生が産休に入り、補助教員として来た先生が結構なスパルタだったのを思い出した。洋介にとても愛情を注いでくれた先生だが、教育方針をめぐっては本来の担任との間で少しギクシャクしていた。

〝親学級〟だった4年3組の学級新聞に、「ようすけくんのひみつ」というコーナーを作った女の子がいて、「すきな食べ物ははっかのあめ」「すきな遊びはパズル」とあって、似顔絵も添えられていた。洋介は今もハッカとパズルが大好きである。

その後、この特別学級には、続々と下級生たちが入ってきて、障害児の親の会も作られた（この親の会の仲間とは、その後もつき合いが続いている）。洋介の卒業後には2クラスにまでふくらんだというし、隣接する中学校にも特別支援学級が設けられている。二十数年前までなら、地域外の養護学校に進学していたであろう子どもたちにとって、もう一つの選択肢ができたのなら、あの冬、相当なエネルギーを使って苦労したかいもあったと思う。

特別学級の子どもたちは障害の種類も程度も違い、おしゃべりが上手な子もいれば、一部の教科の勉強がよくできる子もいて、その後の進路は様々だ。それでも、街で会うと、今も生真面目に「梅崎先輩！」と元気よくあいさつしてくれる子もいる。話しかけられた洋介も、いつも無反応のように見えて、しっかり相手を認識しているようだ。つながりは切れていないんだな、と思う。

地域の学校で過ごした6年間が財産

地域の小学校に通った洋介だが、高学年になると、同学年の子どもと同じ授業で、同じ課題に取り組むのが、だんだん難しくなってきた。前出の本田秀夫さんは、自閉症スペクトラム（ASD）の子が障害のない子たちとともに学ぶことについて、こう書いている。

考え方、感じ方が独特で、集団生活の中では少数派となりがちなので、みんなと同じことばかりさせられていると、常に違和感を覚え、学校などを自分の居場所と思えないまま漫然と生活を続けることになります。「子どもにＡＳＤの特性があっても、一般の学級で学ばせたい」と考える保護者や教師が多いのですが、同じ場で学ばせることを、「みんなと一緒」を強要することと絶対に混同しないよう、留意してください。

５、６年生の洋介は、やはり学校では一人で過ごす時間が多くなり、本人にもストレスがあるようだった。その一方で、放課後や週末にしばしば利用した児童デイサービス（今の放課後等デイサービス）での活動にはよくなじみ、そこで放課後の生活をともにしていた仲間が主に養護学校の子どもたちだったこともあって、中学校からは養護学校に進む決断をした。進学してからは、学校内での自分の役割も増え、運動会や文化祭でも活躍する場面が多くなった。地域をとるか、本人の状態に適した場を選ぶか……正解はないと思う。もちろん、両方を満たす場があれば、一番いいのだが。

数年前、近所のスタバに洋介と入ったところ、アルバイトの女の子が「洋介君ですよね」と話しかけてきた。「小学校で一緒だったんです」と、うれしそうだった。小学校では、できたこと、結局、できなかったこと、いろいろあったけれど、やはり6年間を地域の学校で過ごしたことは、洋介の大きな財産になっている。

脱走① 警察官に取り囲まれていた息子 いったい何が?…

「二度と会えないかも」と思った日のこと

小学校の高学年になり、行動範囲が広くなった洋介は、学校や自宅から一人で脱走することが増えた。多くの場合は、行き先の見当がついたり、自分で戻ってきたりするのだが、探すにも手がかりがなく、「もう二度と会えないんじゃないか」と思ったこともあった。帰省ラッシュの羽田空港で見失ってしまったのだ。

数万人の海にのみ込まれ

自閉症の人には、長距離の乗り物が苦手な人も多い。飛行機内のような狭い空間で、長い時間じっとしていることができず、立ち歩いたり、大きな声を上げたり……となれば、同伴する家族にとっても、本人にとってもかなりのストレスだ。障害のある子を育てる親たちからは、「飛行機も新幹線も絶対ムリ！」という声をよく聞く。

幸か不幸か、わが家の場合、僕の実家が北九州だったので、移動に飛行機や新幹線は使わざるを得なかった。洋介も1歳になる前から飛行機に乗っていて、そのときも、北九州の祖父母の家に向かう途中だった。

搭乗まで時間があったので空港内の書店に立ち寄ったのだが、書棚を見ている一瞬の隙に姿を消したのだ。羽田空港の利用者は1日当たり平均約20万人という。その日は平均をはるかに超える人が集まっていただろう。とりあえず行きそうな場所、おいしそうなものがあるお土産屋さんや、入ったことのあるレストランなどを探したが、いない。インフォメーションで聞いても、洋介らしい迷子の情報はなかった。

見失ったことはこれまでもあったが、人出も広さも桁が違った。5メートル先も見えない雑踏。数万人の海に消えた洋介を探すのは、気が遠くなるようだった。発達障害のある子が東京で何日も行方不明になっているニュースを耳にした後でもあり、今度ばかりは「もう会えないかもしれない」という思いがちらついた。そのとき……。

なぜか搭乗ロビーに

職員からの知らせを受けて妻が駆けつけると（そのとき、僕は独自に捜索中だった）、立っていたのは体の大きな数人の警察官。威圧感のある制服に囲まれ、まだ小さかった洋介が、何事もなかったような顔で立っている。説明によると、一人で保安検査場を通過していて（なぜ入れたのか？）、搭乗ロビーにいたのだそう。警察官の質問にも答えないので、困っていた様子だ。

大人になった今は、なんでも先取りしてすませようとする、せっかちな洋介だが、この頃から片鱗《へんりん》を見せていたようだ。何度も利用したことのある空港だから、いつものゲートを通って、さっさと乗り込もうとしたのだろう。この騒ぎの間に、予約していた便はもう出発してしまっていたが、航空会社が次の便に席を確保してくれたため、無事に帰省することができた。

壁の前の席を希望する理由

そんな思い出もある空港や機内は、今の洋介には勝手知ったる場所の一つだ。しかし、

10代前半まで、とくに搭乗中は、家族にとって非常に緊張する時間だった。大きな声を出したり、前の席を蹴ったり、前に書いた「ツバ飛ばし」をしたりと、周囲に気を使うことばかり。さらに、密室で逃げ場もない。チェックインのときに療育手帳を見せるため、「お手伝いすることはありませんか?」と聞かれるが、優先搭乗などの必要はなく、ただ一つ、他の乗客に迷惑をかけないよう、「目の前が壁になっている席を」とお願いするのが常だった。

競争心はないが、脱走するときは速かった
(特別支援学校中学部の運動会)

離陸して最初の30分は空港で買った新しいおもちゃや絵本、それに飽きたら好きなおやつをバッグから出す。機内でもらえるおもちゃ(中学生の頃までもらっていた)や飲み物でつなぎ、それでも間が持たないときは、子ども向けの歌などを流す機内チャンネルのイヤホンを耳に入れた。旅行のパンフレットが好きだった時期があり、事前に旅行代理店に行ってたくさんもらってきて、フライト中、洋介に持たせたこともあった。退屈がストレスになり、機内でパニックを起こすことがないよう、常に残りの飛行時間を気にしながら、羽田−福岡間の2時間弱をハラハラしながら乗りきっていたというのが実際だった。

以前、取材で知った日本自閉症協会の阿部叔子《よしこ》さんが、息子さんと敢行したカナディアン・ロッキーの旅の経験を、著書『旅へ！　自閉症の息子らと——合言葉はノー・プロブレム』につづっている。長時間の空の旅。カナダではゴムボートで川を下り、ヘリコプターにも乗るなどロッキーの自然を楽しんだが、どこへ行っても現地の人たちが「ノー・プロブレム」と言って迎えてくれたということだ。その頃の僕らにはとても考えられない、夢のようなことだった。

祖父、祖母の順に他界し、実家も処分して、最近は洋介が飛行機に乗る機会はなくなってしまった。阿部さんに倣《なら》い「次は、海外かな」とも思うが、そんな日は来るだろうか。

脱走② 「バス通りのセンターラインを子どもが歩いてる！」と小学校に電話が…

洋介に脱走癖が表れたのは2歳の頃。当時住んでいた横浜のアパートから一人で通りに出てしまったので、慌てて探しに出ると、丁字路で見知らぬ男性が、ものすごく怖い顔をして洋介と立っていた。どうやら、車の前に飛び出して、本当に危機一髪だったようなのだ。その場はとにかく、何度も何度も頭を下げた。

玄関を飛び出しても危なくない家を探し

それが、記憶にある最初の「脱走」である。公園とか、買い物とか、どこかに行きたいという意思表示をしないまま衝動的に飛び出していくから、こちらも虚を突かれてしまう。

それから青くなって夫婦で探すのだが、なにしろ怖いのは、本人が危険を察知しないことだ。

　そのため、このアパートから転居する際に重視したのは、洋介が突然、外に飛び出しても、車にはねられる危険が少ないことだった。横浜市内ではそうした立地を探すのが難しく、あっても通勤にひどく不便な場所だったり、価格が高すぎたり。結局、千葉の郡部に引っ越すことになったのである。

通りがかりのドライバーが

　しかし、転居先でも油断はできなかった。家からも、小学校の特別学級からもたびたび脱走。捜索隊に校長先生までが加わったこともあった。洋介の姿が消えたとき、まず探すのは、近くのスーパーのお菓子売り場。そこにいなければ、幼いときに遊んだ公園の遊具で、自分で降りることができないくらい高い所まで登っていたりする。しかし、思い当たる場所では見つからず、焦ることもあった。

　あるときは、小学校に一本の電話がかかってきた。

「そちらの小学校の子どもがいる」

　通りがかりのドライバーからだった。その人の話では、運転中、路上で洋介を発見したということだった。そして、詳しい状況を聞いて（僕らは先生からのまた聞きだが）、怖くなった。

「道路のセンターラインの上を歩いている子どもを見て、慌てて車を止めて保護した」というのだ。そこは、千葉の佐倉市と茨城の龍ケ崎市につながる県道で、昼も夜も大型のダンプカーやバスが通る幹線道路だった。洋介は、道路の真ん中をひたすらラインに沿って歩いていたようだ。発見したドライバーが車を降りて、子どもを安全なところに連れて行き、話しかけたが答えない。そこで、身に着けているもののどこかに学校名を見つけて、連絡してくれたと記憶している。比較的、通行の少ない時間帯だが、保護してくれた人も危険だったかもしれない。どこの誰かは今もわからず、ただただ感謝するしかない。

危険を察知できない怖さ

ラインに沿って歩きたがるという「こだわり」は以前からあった。魅力的な線を見つけたら、周りが目に入らない。ただ、僕自身の子ども時代を思い出すと、「きょうは路側帯の白線に沿って行こう」とか、「小石をずっと蹴りながら帰ろう」なんて、学校帰りに自分で決めて歩いていた記憶があるから、何かにこだわる気持ちはどんな子にもあるのでは

脱走を繰り返した小学校も無事に卒業

ないだろうか。問題は、やはり、危険を自分で感じ取れないことだ。

危機一髪だったことは1回や2回ではなかった。だからといって、どこかに閉じ込めておくわけにもいかず……。改めて振り返れば、よくもまあ、無事に育ったものだと思う。

売り場で勝手にアイスを食べ…見守ってくれた店長

一人で外に出ていった場合、人に迷惑をかけてしまうのでは……という心配も、もちろんあった。8月（2021年）で28歳になった洋介だが、今も、お店で好きなお菓子を見つけたら、会計前にバッグのポケットにしまい込もうとすることが多く、「お金を払って買う」ということは理解していないよう。小学校の頃はさらに、その場で食べてしまう恐れもあった。

ただ、幸いなことに、お店の側も洋介の顔を知っていて、スーパーの店員が相手をしてくれていたりした。コンビニの売り場でアイスを袋から出して食べているのを、店長がずっと見守っていてくれたこともあった。

こうして地域で顔を知ってもらえる関係ができたことからも、地元の小学校を選んだことは洋介にとって「正解」だったのではないかと思う。

「生まれちゃったのね」と言われた通夜の席

僕の父親が死んだのは2005年、もう16年前の11月だった。肝硬変の末期であったが、主治医から「意識がはっきりしている今のうちに、一度帰って来てほしい」と連絡があり、帰郷した翌朝に急変したのだ。医師は予期していなかったろうが、結果的に、親の最期を看取《みと》らせてくれたことになる。

昭和一けた生まれの父は、福岡と熊本の県境に近い大牟田市で育った。三井三池炭鉱とともに繁栄した町だ。父は他の兄弟と同じく、工業高校の鉱業科に入学した。それが当時の若者が花形産業に進む近道だったのだろう。父も財閥系の三池炭鉱に就職したかったようだが、結果的に筑豊地方の炭鉱に入社した。

鉱業科を出ているとなると、炭鉱ではいきなり現場を任されたらしく、10代で部下を持った父だが、これが思いのほか大変だったようだ。なにしろ、当時の炭鉱労働者には気の荒い男たちが多く、背中に入れ墨の入った人も珍しくはなかったそうで、子どものような上司がどう扱われたかは想像がつく。毎日、怖くてつらい思いをしていたが、一人、かばってくれる同僚がいた。同期入社だが九州大学卒のため、父より4年は年上。その人の下の名前が「正直」で、僕の名前はここから来ているのだと聞いたが、もしかしたら都合のいい作り話だったかもしれない。とにかく僕は幼い頃から、「お前は九州大学に行け」と父に叱咤《しった》され続けてきたのだから。

一人息子に期待をかけ、何をするにも厳しかった父のせいで、僕は常に期待に応えなければならないという気持ちに迫られて育った。そんな存在を失った瞬間はやたらと泣けたが、しばらくして病院の窓から空を見上げたとき、なにか天井が抜けたような、肩の荷が下りた気もした。雨上がりの虹がかかっていた。

祖父のお通夜の晩に…

通夜は2日後になり、妻は喪服と3人の子どもを抱えて、僕の実家の北九州までやってきた。

父は7人きょうだいの次男。母のほうも5人きょうだいなので、すでに亡くなっていた2人を除く高齢のおじさん、おばさんとその連れ合いたちがぞろぞろと通夜の式場に集まってきていた。中には洋介と会ったことのある人もいたが、もう5~6年前のことだった。人がたくさん集まった式場で、落ち着きなく動き回る12歳の洋介を、おじ、おばたちはもの珍しげに見ていた。洋介が自閉症であることは、どうも知らないようだった。読経と焼香が終わって、控え室で食事を取っていると、おばさんの一人が妻に話しかけてきた。

洋介の障害のことを一通り聞かれた後、おばさんはこう言った。

「そう……。生まれちゃったのね」

妻はこの一言にいたく傷ついたようで、葬儀が全て終わった後、そのことを明かした。僕もそれを聞いて、一瞬、言葉に詰まった。

食事の場では、料理の箱の隅にちょっとだけある和菓子を洋介が食べたがったので、おばさんたちが自分のお菓子をこぞって持ってきてくれた。待望の初孫をかわいがった祖父が、この世からいなくなってしまったことを洋介が知る由もなく、終始、上機嫌だった。

なぜ孫の障害を明かさなかったのか

おばが「生まれちゃったのね」と言ったのも、もちろん悪意があってのことではない。数十年前にその地域で育った僕としては、理解できることだった。小学校から高校までを通じて、学校や地域で重い障害のある子と接したことはなかったし、近くにあったはずの養護学校についても、存在を教えてくれる大人はいなかった。2020年3月に亡くなった宮城まり子さんの「ねむの木学園」の映像が当時のテレビで放送され、「自閉症」という言葉を、大人も子どもも初めて知った。そんな時代を過ごしたおばにとっては、ごく普通の理解の仕方であり、正直な反応だったろう。それに、子どものことでは長年苦労した人だった。

それよりも意外だったのは、亡くなった父が、洋介の障害のことを10年近くの間、自分のきょうだいたちにも話していなかったことだ。父は、自閉症の洋介のことを、どのように考えていたのだろうか。幼い頃はまさに目に入れても痛くない溺愛ぶりだった父が、体が大きくなっても言葉が出ない孫に対して、接し方に困っているふうであったのは確かだ。

社会との「距離」の違い

障害のある人へのかかわりという点では、地域差があるのも事実だろう。僕らが神奈川

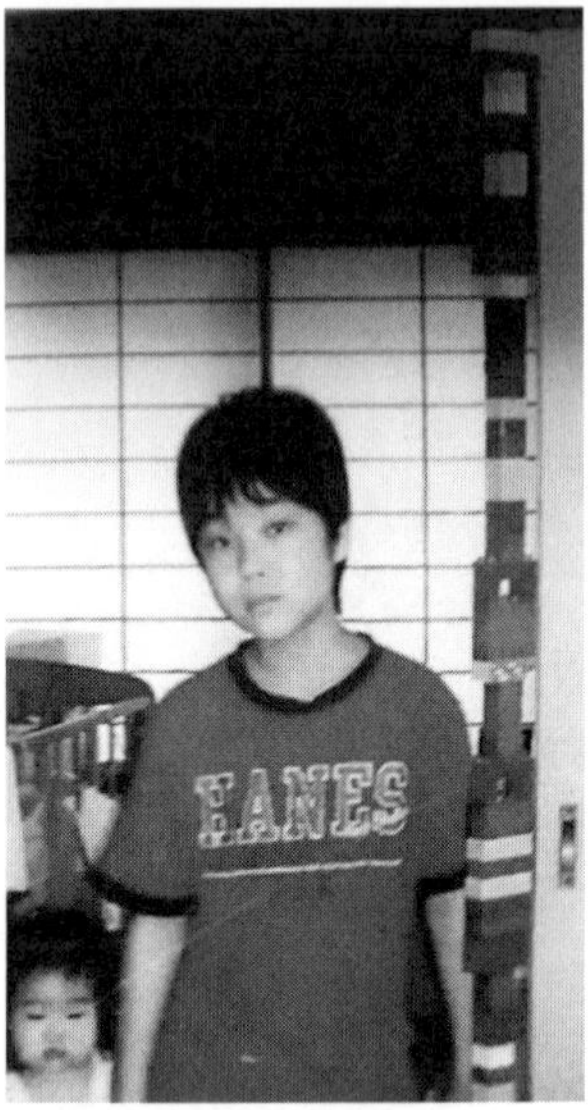

祖父が亡くなった12歳の頃。ブロックを高く積むことに熱心だった

から千葉の郡部へと転居した24年前、神奈川の医師から「引っ越した先には何もありませんよ」と警告されたことは何度も書いた。そのことを話すと、今、千葉で障害者支援に携わっている人は「そんなことはない！」と反発するのだが、実際、洋介が小さかった頃は、心理相談一つ受けるのにもいくつもの市境をまたいで行かなければならず、公立幼稚園では園長に「身の回りのことを自分でできない子は、来てもらっては困る」と言われるくらいだった。住んでいた自治体の中に小学校の特別学級が一つも存在しなかったことも書いた。

現在はというと、保護者たちにとって最後で最大の課題となる「終《つい》のすみか」については、グループホームの新設のめどが立たず、入居を希望して待つ人は増えている。空きが出るのを待てずに家族から遠く離れた大規模施設に入所する人もいれば、高齢の両親が自宅で世話を続けているケースも珍しくはない。もっとも、それはこの地域に限ったことではないだろう。北九州の一角でも大差ないようで、父の葬儀を執り行ったご住職に発達障害のお孫さんがいたが、その後、適切な施設が自宅から通所できる範囲にないため、遠方の寄宿舎に入ったということだった。

東日本大震災の被災障害者を支援しようと岩手県の某市に入った団体があり、スタッフに同行して聞いたのは、「仮設住宅などを回っても、障害のある人がどこにいるのかがわからない。いるはずなのに情報がなくて支援のしようがない」という戸惑いだった。家族が障害のある人を抱え込んでコミュニティーから孤立する傾向が、その地域に平時からあったのか、災害という非常事態の中でそうなってしまったのかはわからないが、とても心配な状況だった。

障害を、ただ個人に降りかかった困難としてとらえるのか、それとも社会の課題と理解するのか。それは、地域社会との「距離」に表れるのだと思う。

「医学モデル」と「社会モデル」

現行の公的な障害者福祉サービスを定めているのは障害者総合支援法だ。その前身である障害者自立支援法に代わる新制度（「障害者総合福祉法」と仮称された）を作る目的で、民主党政権下の2010年の1月から議論を重ねた「障がい者制度改革推進会議」は、身体、知的、精神、その他の幅広い障害当事者や関係者を集めた、たいへん大所帯の組織だったが、その議論の中で再三、取り上げられたのが、障害の「医学モデル」と「社会モデル」についてだった。

医学モデルは、障害をその人自身の病気やけがによる個人的なものととらえ、医療により改善したり、機能を維持したりといったことを考える。これに対し、社会モデルは、障害を、ただ個人的なものではなく、その人と社会のあり方との関係の中に位置づける。つまり、障害がある人も、ない人と同じように参加できる社会であるべき、という前提に立ち、実際にはそれができないことそのものが障害の本質であるという考え方だ。もちろん、この二つの視点は両方とも大切なのだが、障害のある人の社会生活を支え、社会参加を進めるうえで、障がい者制度改革推進会議では社会モデルに沿った施策が強調されていたように思う。

実に多様な立場にあった人が意見を述べ、その場で聞いていても、議論をどうまとめるのか想像がつかないくらいだった。だが、障害を個人の問題ととらえがちな現状では、この社会モデルという考え方を今後、強く推し進める必要があることは認識させられた。助けが必要になるような事態は、いつ誰に訪れるかわからない。その困難に対しては、社会全体の課題として向き合うということだ。

「都市の難所」が示すもの

わかりやすいのは物理的なバリアで、今はなき雑誌『週刊読売』の記者だった頃に「都市の難所」というグラビア特集を組んだことがあった。どんなものかというと、例えば、

- 都内の駅のホームが曲線になっているために、電車との間に数十センチの隙間ができ、またいで乗らなければいけない様子
- 千葉のある駅のホームで、電車のドアではなく、客車と客車の間の連結部に向かっている黄色い点字ブロック
- いくつもの路線が重なった神奈川県の「開かずの踏切」。開いている短い時間で数十メートルを渡り切らなければいけない、その遠さ

意図はよくわからないが、千葉にある小さな橋に設けられた点字ブロックは、橋の中央あたりで輪になっていた。デザインなのか、何かの目的があるのかは不明だが、輪の部分を通るときに方向を見失ったりしないのだろうか……。そうした疑問や理不尽さを写真で

提示すると、「障害はどこにあるの？」という問いの答えが浮き彫りになるのだ（好評だったので第2弾まで掲載。撮影した先輩のKカメラマンは、出版業界の賞をもらった）。そうした意味で、些細なことのようだが、「障害を持つ」という表現と、「障害のある」という表現のニュアンスの違いにも本質的な要素が含まれているので、僕自身は注意している。

一人暮らしになった祖母は……

お通夜の話から、かなり脱線してしまった。

父の死後、一人暮らしをしていた母も、5年前に他界した。実家の処分で遺品整理をしていると、小倉で開催された自閉症の人たちによる作品展などに、母が一人で出かけていたことを示すものが複数見つかった。パンフレットや小さな手芸作品。父の介護が終わった後、70代になった母は母なりに、洋介の実像を知って障害を理解しようとしていたのだと知り、胸が熱くなった。

II

洋介の世界

最重度ですが何か？……「パンツの絆」でつながる父と子の話

28歳になった洋介は、現在、月曜から金曜まで、千葉の里山にある福祉施設に通っている。自閉症スペクトラムの中でも、アスペルガー症候群や高機能自閉症とは違い、知的障害を伴う「カナー型」とも言われるタイプの自閉症だと思われる。思われる……と書いたのは、医療機関では必ずしもそうした診断を受けるわけではないからだ。医師によっては「広汎性発達障害」だったり、「多動性障害」だったり、「自閉的傾向」と言われたり。しかし、医療機関でも福祉施設でも、洋介は「自閉症」という前提で扱われてきたから、そうなのだろう。

言葉が遅かった3歳の頃の話をしたが、これに関しては、状態は今もそう変わっていない。「ガッコウ」「オカイモノ」といった名詞から、「オキル」「タベル」といった動詞まで、口から出るのは主に単語だ。幼少期は、相手が言った言葉を繰り返す「オウム返し」が多かった。それも自閉症の子の特徴とされるが、成人してからはあまり聞かなくなった。

通所施設では「働き頭」

知的障害者向けの療育手帳は、最初に取得した小学校のときは「中度」の判定だった。それが、年齢が上がるとともに判定も上がっていき、現在は重度の「A」のさらに上の「マルA」。市の障害支援区分も最重度の「6」である。そんな洋介の日常は次のような具合だ。

朝、起き出すのは8時頃。バタバタと音を立てて自己主張し始めるが、部屋に迎えに行かないと出てこない。こちらが反応しないでいると、「オキル、オキル」と言って催促する。夜用の分厚い紙パンツをはいて寝ているのだが、なぜか、朝には必ず脱げている。あまり放っておくと、脱いだ紙パンツを破って、中のゼリー状のものをまき散らすという腹いせをするので油断できない。経験した人にはわかると思うが、あれはとても厄介だ。ほうきで掃いても、モップで拭いても、掃除機を使っても、なかなか取り除けない。

送迎バスで行く施設では、サツマイモやナスなど、主に有機野菜作りを担当している。

職員から仕事を頼まれても嫌がらないし（ニワトリの世話は怖くてダメらしい）、力もあるのでシイタケの原木を運んだりもできる。施設では「働き頭」の評価もあるそうだ。ときには近隣の大型ショッピングセンターに出かけて、収穫物を販売してくることもある。午後4時過ぎにはバスで送られて帰宅。

家では、ソファに寝転び、『クレヨンしんちゃん』等のDVDを見ていることが多い。たまに妻の目を盗んでは、初孫を溺愛した祖父母の仏壇からお供え物を取って食べたり。意外に好きなのは、新聞に折り込まれているチラシで、肉や魚や果物の写真がたくさん載っているスーパーの広告や、お寿司屋さんやファミリーレストラン、露天風呂なんかが載っている旅行会社のものなど。ソファに寝っ転がって、いつまでも飽きずに眺めている。「コウコク、コウコク」と言いながら、新聞や雑誌を持っていくことも多いが、果たしてどこを見ているのだろうか。

ショートステイで宿泊している日以外の夜は、駅まで僕を迎えにきてくれる。しかし、僕がいつもより早く帰っていたり、休日で家にいたりしても、その時間になると「パパ、パパ」と言いながら、上着を羽織って駅に行こうとし、止められる。時計を見ているとも思えないが、あまりに正確なので、妻は「体内時計だ」と言っている。

それから後はノンストップだ。「オフロ、オフロ！」と言い出したら、トイレ、入浴、歯磨き、ドライヤー、お茶を1杯の順に流れ作業となる。本人は大急ぎなので、こちらがついて行けない。自分でドライヤーを持って、誰かが来てくれるのを正座で待っている。この間の洋介は早回しのビデオのようなスピードで、あっという間に寝室に入ってしまうのがパターンだ。ただし、寝室に入ったからといってすぐに寝るとは限らない。眠くないときは、バタバタと部屋中を歩き回る音が未明まで続くこともある。

数値や程度による輪切りで

おおむね上機嫌、お気楽に暮らしている洋介だが、障害程度の判定が示すようにれっきとした最重度の知的障害者である。療育手帳の区分がどう決められているかというと、主に知能指数によるようだ。

障害のある子の親をしていると、数値や程度によって輪切りにされるのはよく経験することだ。例えば、同じ特別支援学校を卒業した同級生でも、軽度の人は一般就職、中度の人は障害福祉サービスの就労移行支援や就労継続支援の枠組みで通所しているが、洋介の場合は同じ施設の中でも「生活介護」というサービスの対象となった。つまり、働き手と

DVDを鑑賞中

は見なされていないのだ。
だから、施設の人から、いかに「一番の働き者」と言われても、就労継続支援のように月1万円単位の工賃は出ず、労働の対価は当初、月500円だった。今は2000円程度（1日100円）にアップし、毎週末に食べるサーティワンのアイス代にはなっている。

持ちつ持たれつ

そんな洋介に、僕は最近、よく世話になっている。50歳を過ぎてからというもの、週に二、三度は、お風呂に入る際、脱衣所にパンツを持って行くのを忘れてしまうのだ。高校生の娘もいるので、素っ裸で出て行くわけにもいかず、妻に頼んでも嫌がられるので、大きな声で洋介を呼ぶことになる。すると手慣れたもので、間違えることなく僕のパンツを持って、届けに来てくれる。

つまり、ことパンツに関しては、僕と洋介は持ちつ持たれつの仲なのである。

「うちの子が殺される!」

今も記憶が薄れることのない相模原市の障害者施設殺傷事件。津久井やまゆり園に侵入した男は、「意思疎通ができない人」を選んで襲った。「重度の障害者は安楽死させるべき」と主張していたと伝えられる。事件の直後には、洋介の通う施設の保護者たちの間にも衝撃が走った。「ここで起きたら、ぜったい、うちの子が殺されるよ……」と不安がる親もいた。そして、被告の考え方に理解を示す声が少なからずネットに見られたことは、おそらく事件そのもの以上に、存在を脅かす冷たい恐怖を、障害の当事者や家族に突きつけただろう。

初公判前に、犠牲になった娘の実名を公表した遺族の手記を読むと、障害のある子を家族が支えてきたというのは、ただの一面でしかなく、その子の存在によって家族の人生が支えられてもいたのだと改めて思う。人間の価値を、周囲との関係から引き離し、なにか単純な指標で輪切りにすることはナンセンスなのだ。

支えられている自分

と、書いていると、「きょうも部屋でうんちしてたのよ。もう大変！」と妻の嘆く声。確かに、そんなことをもう何百回と繰り返し、疲れ果て、悲観したこともあったな、などと思い返す。

週刊誌の仕事をしていた頃、深夜2時に帰宅すると、洋介の部屋から臭ってくることがあった。熟睡している家族は起こさず、本人をお風呂に入れ、ベッドと床と壁を掃除してシーツを替えて寝かせる。細かいデコボコのある壁紙なので、入り込んでしまってなかなかきれいに拭き取れず時間がかかり、ここまでの一連の作業に40～50分。しかし、寝かせてしばらくしたらまた臭ってくる。再びお風呂に入れて、部屋を掃除し……ということを繰り返し、ソファで何度目かの風呂上がりの洋介を抱っこしているところに白々と朝日が差してきた……そんなことも一度ではなかった。きっとその日、おなかでも壊していたんだろう。

そして今は、洋介がいないとパンツをはけない自分もいる。お出かけのときには、僕の上着や靴下を持ってきてくれることもある（自分が早く出かけたいからだが）。上り坂や階段では、気がつけば、せっかちで歩きが速い洋介に手を引っぱられて上っていることも多い。北九州の祖母が生きていた頃は、洋介が祖母の手を引いて、小高い山上にある神社の参道を上って初詣をしていたのを思い出す。僕もこれからますます、助けてもらうことになるのかもしれない。

真夜中、屋根の上に裸の子どもが……謎多き「夜の生活」

休日の朝、やけに家の前が騒々しい。ご近所の主婦らの声に、向かいのお父さんも交じっている。なんだか、みんな必死だ。

「洋ちゃん、それは無理！」

おやおや？　うちの話らしい。あわただしくピンポンを鳴らす人が……。妻が出て聞くと、「お宅の息子が、２階のベランダの手すりを平均台にして歩こうとしている」ということだった。外側に落ちたら、大けがではすまないかもしれない。

僕は慌てながらも静かに階段を上った。驚かせてちょっとでもバランスを崩したら落ちてしまう。音をたてないよう、そっとサッシを開けてベランダに出た。洋介はすでに手すりの上にいて、器用にバランスをとっている。気がつかれないよう抜き足差し足で背後から近づき、さっと抱き寄せることに成功した。これ以外にも、脱走して大通りにいた洋介を近所のお父さんが連れてきてくれたり、といったことは何度かあったが、やはり、このベランダ事件が、今までで一番ご近所に感謝した出来事だ。

ベランダから屋根に乗り移り

10代を迎える頃、本人の興味・関心が広がり、身体的にも成長していくにつれ、行動範囲が広くなっていった。そこで問題となったのが、子ども部屋からの「脱出」だった。

ベランダ事件は昼間だったが、脱出が多いのは夜間だった。次男と二段ベッドで寝ていた2階の部屋からベランダに出て、エアコンの室外機を踏み台にして手すりを越え、1階部分の屋根に乗り移る。部屋のサッシには、開けられないよう、ぎゅっと締めつける器具をいくつも取り付けていたが、それも無理やりこじ開けてしまう。そして、家族が寝静ま

この上を歩いていた！

った真夜中に一人、屋根の上での自由な時間を満喫するのだった。

脱出ルートが僕らの寝室の外、つまり壁の向こう側になるため、なんだか巨大なネズミかネコがいるのかと思うような物音がして気づき、連れ戻すこともあったが、気づかれずに屋根ライフを十分楽しんだ後、何事もなかったかのように部屋に戻っていることもあったようだ。

それに、どういうわけか、夜中に着ているパジャマを脱いでしまって、真っ裸になることが多かった。そう、屋根に上るときも。

衣服の刺激を嫌がる感覚過敏

障害のある子の中には、衣服の刺激が嫌なのか、脱ぎたがる子もいて、「この子、家では真っ裸なのよ～」なんていう話も聞く。

ヨミドクターの人気連載だった小児外科医・松永正訓《ただし》さんの「いのちは輝く～障害・病気と生きるこどもたち」に、障害のある子どもと家族の写真を添えた大阪の写真家・名畑文巨《ふみお》さんらは、2019年8月、障害のある子どもが着る衣服についてアンケート調査を行った。すると、「タグのない服にしてほしい」というメーカーへの要望が多く寄せられた。その理由について、名畑さんは「自閉症のある子は感覚過敏が多く、タグが肌に当たることが気になり着なくなる」ということを挙げている。僕らの周囲を見渡すと、自閉症に限らず、障害のある子に感覚過敏があるケースは少なくないようだ。

自閉的傾向がある人の感覚過敏については、衣服の肌触りだけでなく、特定の音やにおいなどに対し極端に敏感なケースもある。他の人にはどうということのない音でも、耳をふさいで逃げ出してしまうほどつらいものだという。そして、何がどう苦手なのかは一人一人違う。

素っ裸になってから脱出

洋介に関しては、10歳前後の時期、とくにベッドに入ってから服の刺激が気になったようで、夜中の大脱出も、まず部屋で素っ裸になってから試みるのだった。今から15年余り前、酔っぱらって午前様になってしまった近所のお父さんなどは、月明かりの下で、裸の子どもが屋根に座っている非日常な光景を目撃していたかもしれない。そして、深酒しすぎたせいだと、思い込んだかもしれない。

唯一のプライベートな時間

大人になってからは夜の脱出癖がなくなった洋介だが、その代わり、今は一人で寝ている部屋で、なにやらドタバタと動き回っている音が聞こえる。数時間も続くとさすがに気になって、のぞきに行くこともあるのだが、ドアを開けて入ると、「オヤスミっ！」と言って押し出され、目の前でドアをバタンと閉められる。

次男は別の部屋に移り、その後独立。今は部屋に洋介一人だ。ルームライトも点けない真っ暗な部屋で、場合によっては夜通し何をしているのか。それは洋介が唯一守りたいプライバシーらしく、僕らにもいまだ謎である。

「おしゃれボーイ」と呼ばれて…服選びのジレンマ

障害のある子が、服の刺激に耐えられず脱いでしまうのは、肌の感覚過敏があるためと言われる。洋介の場合は、主に夜中、ベッドに入ってから脱いでしまうので、静かにじっとしていると気になってくるのかもしれない。

写真家の名畑さんらが障害のある子の家族に行った「着やすい服」に関するアンケートへの回答を少し見ていこう。

「タグや縫い目」が気になる自閉症スペクトラムの子

もとはダウン症の子に関して企画したアンケートで、その後、肢体不自由や自閉症の子の家族も加えて実施された経緯から、対象に偏りがあることを踏まえて見ないといけないが、「困りごと」で一番多かったのは、Tシャツでもトップスでもボトムスでも「着脱」だった。感覚過敏と関係が深そうなTシャツに限ると、「タグや縫い目」と答えた人が12・7%で3位。寄せられたコメントでは「洗濯タグ廃止。衣類にプリントして欲しい」「ベビー肌着のような肌当たりの良いものがいいです」「服の素材はチクチクするのが気になって落ち着かないので、綿の割合が多いと助かります」など、これらはいずれも自閉症スペクトラムの子の家族だった。なかでも知的障害を伴う子の場合は、洋介もそうなのだが服を前後ろに着てしまいがちなので、「デザインは前後が分かりやすく」といったコメントも目立ったほか、ボタンやファスナーをとめやすくする工夫を求める声も多かった。

ボトムスに関しては、「オムツが見えないようにウエストがハイカットみたいなのがいい」というコメントもあって、本当にそうだなあ、と思う。すぐに汚すから替えが何枚も必要で、とにかく価格！　というのもよくわかる。靴下の上下をわかりやすく、というのもあった。わが家では、はいた靴下の上下がどうなっているかはあまり気にしていないので、洋介がかかと部分を上にしてはいていることも多いかもしれない。服装をきちんと整えてあげている家庭では、そうしたことも気になるのだろう。

ちなみに、肢体不自由や内部障害などでは、身体の機能や治療の都合、体形などからの要望が多い。肌触りや前後をわかりやすくしてほしいなど、自閉症スペクトラムと同じような課題を抱えていたのは、ダウン症の子と家族だった。

ファスナーはきゅっと首元まで

感覚過敏や前後のわかりやすさ、ボタン等の着脱のしやすさといった点は、洋介の場合にも課題だが、着こなしについては別なこだわりもある。シャツのボタンにしても、ジャージのファスナーにしても、前が開いているのが気になるらしく、きゅっと首元まで閉めてしまうのだ。これは夏の暑い日でも同じで、幼い頃から現在まで変わらない。何をするにも急いで最後までやってしまわないと気がすまないせっかちさと通じるところがあって、中途半端な状態にしておくことが不安なのかもしれない。また、一度、クリーニングから戻ってきたジャンパーの袖に安全ピンが付いていたことがあって、その後は着なくなってしまった。記憶力が良いこともあり、ちょっとしたこともおぼえていて嫌がるのだ。初めは着ようとしない原因が何かわからず困ったが、安全ピンの記憶ではないかと気づいたため、わざと袖から安全ピンを外すところを見せたら、その後は安心して着てくれるようになった。

障害があると、脱がせやすい、着せやすいものをと、どうしても考えてしまいがちだが、洋介にはできるだけ見た目も明るい、かわいくておしゃれな服を選んで着せていた。小学校までは、2歳下の次男とおそろい、色違いのコーディネートにすることも多かった。体が大きくなってからは、好んでブランドもの（といっても、近所のアウトレットで入手するのだが）を着せていた時期もあった。先のアンケートでは、「服選びの基準」に選ばれたのは「価格」が一位で19・5％だったが、続いて「デザイン」が18・6％、「機能性」が17・1％だった。価格はともかくとして、機能性と同じぐらいデザインが重視されていることが、家族の思いを表している気がする。「障害があるから、地味な服装でも仕方ない」とは、みんな考えていないのである。

「おしゃれボーイ」今は

障害のある子の服選びでは、「タグは嫌だけど、タグがないと服の前後がわかりづらい」とか、「おしゃれさせたいけど、ベルトが必要なズボンははけない」とか、とかくジレンマをかかえてしまいがちである。襟元のタグをなくして、プリントにしているメーカーも一部にあり、そうした配慮が広がってほしいと思う。自分でボタンをとめると、必ずずれてしまう洋介だが、ボタンが一個一個色違いで、それぞれボタンホールと同じ色になっているシャツを持っていたことがある。そのときは色使いが奇抜だなあ、と思ったが、今思うとメーカーのおしゃれな配慮だったのかもしれない。

親のこだわりのせいで、通所施設では「おしゃれボーイ」などと言われたりした洋介だが、アラサーに差しかかってからは、僕もそうだったようにおなかがポッコリ出てきて、サイズはＸＬ、おなか回りが入るようウエストがゴムで伸縮するズボンしか選べず、やや機能性や伸縮性にウエートが移ってきた。その影響が服選びだけならいいが、外見は健康に見えても、血液検査などはいまだできないまま体重は増える一方で、病気が潜んでいないか心配になる。おしゃれのためにも、健康のためにも、おなかをどうにかしなきゃ。

10年続いた「ツバ飛ばし」は職人芸!?…「こだわり」にどう向き合うか

2年ほど前、リビングの壁紙をリフォームした。どこの家でもありそうなことだが、わが家では、実に画期的なことだった。

自閉症スペクトラムの子どもたちには、様々な「こだわり」があることが多い。洋介の場合は、小学校の頃から約10年、これまでで最も長く続いたこだわり行動が「ツバ飛ばし」だった。自分のツバを指ではじいて飛ばしたり、自分の顔に塗りつけたり。他人の顔や髪の毛にも、実に正確なコントロールで命中させるので、街中やお店ではひやひやさせられたものだ。

「壁紙はがし」まで……

外で気を使う分、家の中では放置していたので、気がつくと、天井も壁も、洋介が飛ばしたツバだらけになっていた。「ツバ、ツバ！」と言いながら、叱られてもけらけら笑っていた。ときには、叱られなくても、一人、天井を見て笑っていることがあって、「何かいるのか……」と怖くなることも。天井についたツバは拭くこともできず、時間がたつとカビが生えて変色し、それが斑点となって全体に広がって、他人には見せられないようなリビングルームになっていたのだ。住み続けている僕ら自身にはわからなかったけれど、相当、臭ってもいたと思う。

障害児教育の集会に出かけたときに、「ツバ飛ばしで苦労してます」と話したら、ある教師は「ツバ飛ばしをする子は多いですよ。うちの生徒なんか素晴らしい命中率で……」と楽しげに、「そんなこと気にするのがおかしい」と言わんばかりに上から目線で笑われたが、「アンタは先生でしょ。家にはいないんでしょ」と言いたくなった。

洋介の場合、さらに、「壁紙はがし」という恐ろしいマイブームにとらわれていた時期もあって、自分と弟の部屋は壁から天井まで大方はがしてしまったし（二段ベッドの上に寝ていたから天井に届くのだ）、廊下や僕らの寝室までボロボロにしてしまった。勢いあまって蛍光灯は破壊するし、壁もへこませて……と言い出したらきりがなくなる。お客を自宅に上げるのに躊躇《ちゅうちょ》する状態が20年近く続き、本当なら家に友だちを呼びたいはずの末娘などはどう思っていたのだろうか。

幸いなことに今の洋介は、この長く続いた癖をすっかり忘れたようである。以前、関西の国立大学の名誉教授（障害児教育）から、ある自閉症者の成長記録について聞き、「19歳で家を破壊し始めた」というのに愕然とした。そのため密かに恐れていたのだが、20歳を越えても洋介の部屋壊しが復活することはなかった。それでも、きれいにした途端にまた汚されるのではないかと思い、お金をかけて壁紙を張り替える気になるまで、しばらくかかったのだ。

都会のバス通りの真ん中で

思えば、これまで数多くのこだわりとともに成長してきた洋介。3歳頃には、公園の滑り台を何時間もひたすら滑り続けたことは、前にも書いた。同じ頃からとくに興味を示したのがマンホールのフタだった。街を歩けば、至るところにマンホールがあるわけで、それを目にするたびにしゃがみこんで離れず、「マーク、マーク」と指さすのだった。

なので、買い物に行くにも、道中、時間がかかる。こちらも気長に構えるしかないのだが、油断していると思わぬことも起きる。

妻の実家に近い東京・世田谷の商店街で、ふと目を離したすきに洋介がいなくなった。振り返ると、下北沢へとつながるバス通りの真ん中で、一人しゃがみこんでいる子どもの姿が……。魅力的なマンホールのフタを見つけて、一目散で駆けて行ったのだった。幸い、信号待ちで車は停止していたが、そんなヒヤッとした経験は何度かあった。

今でこそマンホールはマニアがいるくらいの人気だという。洋介のこだわりも、意外とマニアに近いところから来ているような気もする。

実家がある世田谷のお祭りで。ここには魅力的なマンホールがいっぱい（後ろは次男）

「キラキラが好き」「マークに興味」

よく自閉症の子どもの傾向として挙げられるものに、コマとか、散髪屋さんの前にあるサインポールとか、「回っているものが好き」ということがある。また、自分がクルクル回るとか。

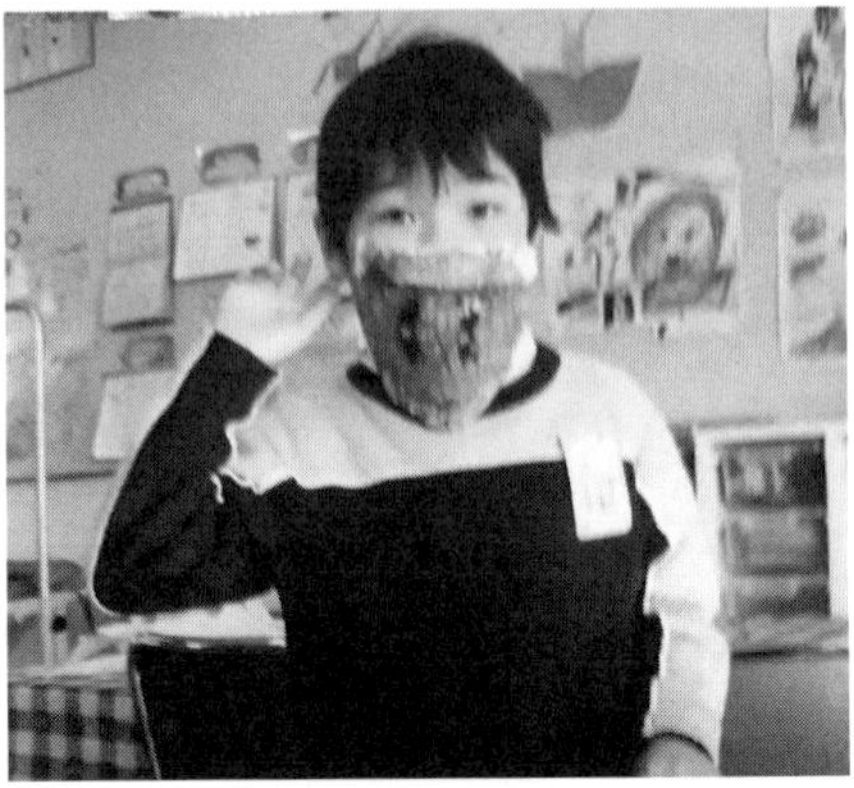

節分かな？　涼しい顔で、いろんなことをしました

そんな傾向にわが子が当てはまるか、当てはまらないかで、一喜一憂する親は少なくないと思う。洋介の場合は、そうした「典型的」なものは、あったり、なかったりだった。

　当てはまったものは、「キラキラしたものが好き」「マークに興味がある」「手のひらを自分に向けてバイバイする」「欲しいものには、人の手を持っていく」「おもちゃを自分の目の高さで眺める」など。しかし、「つま先立ちになる」とか「手をひらひらさせる」とかは、あまり記憶にない。回転するものは好きだったが、自分がクルクル回ることはなかった。視線が合わないのが自閉症の特徴とも言われるが、洋介の場合、視線はよく合った。

　2歳の頃、スーパーで同い年くらいの子がミッキーマウスの描かれた服を着ていたら、洋介が近づいて指さし、「ミッキー、ミッキー」と言い始めた。知っている絵だからこだわっているのかと思ったら、今度はその子のお母さんのほうに向き、自分のおなかを指さして「ウシ!」と教えたのだった(確かにウシだった)。一方通行ではないやり取りができることもあって、そんなときはしっかり相手と視線が合っていたのだ。

そういうこともたまにあったために、僕らは洋介が自閉症であることを受け入れられない時期も結構長かったのだが、今思うとただ一つ、「通常の発達とは何かが違う」という感触はどこかにあって、それを否定することはできなかった。

明けない夜はない…

小学校時代はストレスがあったのか、頭を自分でたたいたり、傷のかさぶたをはいだりと、自傷傾向が見られた時期もあり、朝には顔が血だらけだったこともある。ツバ飛ばしには長く悩まされ辟易《へきえき》したが、わが子が血だらけになることに比べれば、まだましだ。自分の頭をたたいて手足のかさぶたをはぐぐらいなら、壁をたたいて壁紙をはいでくれたほうがいい。毎朝、うんちだらけになっていたとしても、あの血で赤黒くなった顔を思い出せば、全然気が楽に思える。きれいにすればいいだけのことだから。

自傷の多い子の親御さんは、ほんとに大変だと思う。自分の頭を血が流れるまでたたき続けたり、壁に打ちつけ続けたり。自傷によって、さらに障害を負うことだってあるのだ。

親として子どもを守りたいと思っても、自傷を防ぐにはなんらかの身体拘束をしなければいけないこともある。こんなにやるせない気持ちになることはないと思う。

◇

問題行動が一向に治まらなかったりすると、親はそのことで頭がいっぱいになって煮詰まってしまうけど、障害の程度では最重度とされている洋介の28年間を振り返ると、あえて「明けない夜はない」……と言ってもいい気がする。新たな問題が起きたとき、周囲は困るけど、それまで大変だった問題はいつの間にか解消していたり。

というわけで、わが家もやっと部分的なリフォームができたところ。次に手直しするなら、やはりボロボロの廊下、それと天井から床まで惨憺《さんたん》たるさまの洋介の部屋だろう。

床は汚れがフローリングの板と板の間に入り込んでしまうので、現在は夜になると新聞紙を敷いているが、見た目もかわいそうだし、こちらの気分も沈んでしまう。拭き掃除がしやすい素材、それも最近はやりの「消臭・抗菌」をうたったような床材や壁紙ならなお良いが、あるだろうか？

僕が毎日遠くのスーパーに通ったわけ…
自閉症と偏食

発達障害のお子さんを育てる親御さんの多くが苦労しているのは「食」の問題ではないだろうか。最近、妻がYouTubeで自閉症の人の暮らしぶりをよく見ているのだが、食べ物に関しては、焼きそばしか受けつけない、ポテトフライばかり食べている、といった具合で、どこも同じだなあ、と思う。僕たちも、洋介の偏食には長い間、悩まされたから。

初めて見るものはまず食べない。気が向かなければ、ほとんど何も口に入れないまま何日も過ごすことがあった。食べてくれそうなのは、あまり余計なものが入っていないシンプルなピザ、カレーライス。ハンバーガーも、食べられるのはチーズバーガーだけ。10代半ばまでの洋介は、まずそんな感じだった。

幼児期から10代にかけ、一番助けられたのが「しゃけの切り身」だった。旅行先のホテルの朝食に塩じゃけなんかが出てくれば、まず食べてくれるからひと安心。しゃけが出なかったときのために、常にふりかけを持ち歩いたのも思い出す。ところが、これも切り身でなければだめで、その形が変わると、味は同じでも口をつけてくれなかった。しゃけのフレークではダメなのだ。視覚的に全く別なものと認識するのだろうか。

また、それらすら食べてくれない時期もあって、「お菓子でもいいからとにかく口に入れてくれれば……」という状態がひと月近く続いたこともある。本人はケロッとしているが、見た目はどんどんやせていき、ズボンはぶかぶか、胸も薄くなってあばらが浮いてくるので心配したものだ。

考えに考え、結局「サイゼリヤ」

外食しなければいけないときも、「この店に入って、食べられるものがあるだろうか?」と考えに考えた末、結局、毎度「サイゼリヤ」に入ることになった。「ミラノ風ドリア」か「マルゲリータピザ」(後に「パンチェッタのピザ」に好みが変化)のどちらかなら手堅いからだ。

登山に行ったときだったか、洋介、次男と僕の3人で旅館に泊まったことがあって、その晩ご飯に、「次男は大人と同じでいいけど、この子にはハンバーグか何かを」と頼んだところ、僕と次男は思いのほか豪華な料理だったのに、洋介は安っぽいハンバーグ1皿だけ。仲居さんは虐待かいじめを疑っているふうで、気まずかったこともある。

大きくなると味の好みも変わってきた。長女が生まれた2004年の12月、妻が産婦人科に入院している間、僕は会社をしばらく休んで洋介と次男と3人で生活していたが、何かの用があって自宅から結構離れた場所にあるスーパーに立ち寄り、お惣菜のローストビーフ風のものを買って帰ったところ、これはよく食べてくれた。そして、その日から2週間、僕はこの遠いスーパーに毎日通うこととなった。このように、洋介がちゃんと食べてくれるかどうかは、なにより重大なテーマだったのである。

偏食も感覚過敏

あるテレビ番組で発達障害の特集をしていて、それによると偏食も、着るものや騒音などに対するのと同様な感覚過敏が関係しているということだった。硬いものが口の中を刺激したり、噛むときの音や見た目が嫌だったり怖かったり。イチゴのつぶつぶが怖い……という例もあるそうだ。だとすれば、「食べなさい」と厳しく言うのはかわいそうだし、本人はストレスを増すばかりで逆効果だろう。洋介も、口に入れたものをペッと吐き出すことがよくある。なにか不快な刺激があるのだと思う。

ところが偏食も、洋介の場合、10代後半になるとうそのように消えてなくなってしまった。次男や長女が食べものを残して妻にお説教されているときも、洋介はすきあらばその残り物をいただこうと狙っているくらいだ。いい年をしてタマネギやネギやラッキョウが嫌いな僕（言いわけするなら、昔の給食のトラウマなのだ）よりも、ずっと好き嫌いのない優等生。感覚過敏は今でもあると思うが、こと食に関してはかなり克服できたということだろう。

混雑する電車や店舗で大騒ぎ　ジタバタ大の字で…「パニック」の思い出は親子の歴史だ！

たくさんの足が遠巻きに過ぎていく。男の革靴にスニーカー、小さな運動靴、ハイヒール……。僕の目の位置から見えるのは、人々の膝から下だけだ。

休日のショッピングモールの中央通路。おびただしい人が右へ左へ行き過ぎる。その真ん中、大の字になって両手足をバタバタさせ、わんわん泣きわめいているのは洋介である。もう十数分、そうした状況が続いている。こんなときは何を言ってもムダで、自然と収まるのを待つしかない。僕はずっと、洋介の横にあぐらをかいて座り込んでいる。

家族連れやカップルたちはもの珍しげに、あるいは、気の毒そうなまなざしを向けて通り過ぎているのかもしれない。が、洋介と10年もつき合ってきた僕は、周囲の視線がそう気にならなくなっていた。通路の中央にぽっかりと円形の空間ができ、混雑する休日には迷惑だったに違いない。

幅1メートルのガラスが落ちてきて…

自閉症の子どものいる人が、幾度も経験し、また恐れてもいるのが「パニック」だろう。洋介の場合は、1歳半頃から目立つようになった。

妻が「今でも忘れられない」と言うのが、よちよち歩きの洋介を連れて北海道の道東へ旅行したときのことだ。女満別《めまんべつ》空港から網走や野付崎をめぐって、行く先々のおじさんおばさんや民宿のお姉さんにかわいがられ、アイヌの民族衣装を着たお土産屋のおじさんにも抱っこされてご機嫌だった洋介だが、帰路に就く帯広空港で突然、大泣きし始めた。そのとき、僕はトイレかなにかで離れていて、妻が一人、「ママがいるのに、どうして泣き止ませられないの?」という周囲の視線を浴びている気がして、とても居たたまれなかったそうだ。

とくに春と秋、季節の変わり目は気分が不安定になり、睡眠のリズムもおかしくなってしまう。僕が忘れもしないのは5歳の5月、連休前にリビングでパニックを起こしてサッシを蹴破ってしまったときのことだ。縦横1メートル幅くらいのくさび形のガラスが落ちてきて、フローリングに突き刺さったときには生きた心地がしなかった。本人にけががなかったのは幸運でしかなかった。頼み込んで翌日来てもらったガラス屋さんが、ものすごく慎重にそのガラスを扱うのを見て、また怖くなった。

「くせの悪いガキだな！」と

歩き始める頃から、パニックも始まった

「パニック」と一口に言っても、その状態や原因については様々だ。一般的には、興奮したとき、特有のこだわり行動が高じたり、それを抑制されたりしたときのほか、音や触られることへの過敏さから、本人にとっての不快な感覚があった場合にも起きるという。洋介の場合は、空港や列車の中など移動中に起きることが多かった。いつも帰省で使う福岡空港ではなく、飛行機が宮崎空港に到着したときに激しく泣き続けたことがあって、自分の想定と違う事態に直面した場合にパニックを起こしやすいのではないかと思う。

とくに、密室になる列車でジタバタ、ワーワーとなるのが一番困るパターンだ。ラッシュアワーと重なったりすると、ただでさえ疲れてイライラしているサラリーマンたちの視線が厳しくなる。

妻が洋介と、世田谷の実家から当時住んでいた横浜まで列車で帰ったときは、「くせの悪いガキだな！」と言い捨てて下車した中年男性もいて、まだ20代だった妻は傷ついたという。ただ、別の日には、泣きわめく洋介に優しく話しかけて、お菓子を握らせてくれた中年男性もいたらしく、もしかしたら、その人の身近にも洋介のような子がいたのかもしれない。

女子高生たちが〝つんつん〟

もちろん、僕にもそんな経験はある。洋介と2人で早朝、羽田空港に向かわねばならなかったときは、超満員の車内で恐れていた事態が起きた。片腕に2歳の洋介を抱え、もう一方の手で荷物とつり革を持つ形で横浜から蒲田まで。体もつらかったが、乗客の耳元の高さで泣きわめく迷惑に対する周囲の目のほうがずっときつかった。そんなとき、登校中の女子高生たちが、降りぎわに「この悪ガキ〜」と言って、洋介の頬っぺたをつんつんして行ったことに、なんだか救われる気がしたのだった。

もっと余裕のある状況で、本人に負担がなく、周囲にも迷惑をかけない選択をすべきなのかもしれない。しかし、障害がある家族がいても、その時間、その手段で、目的地に行かねばならないことはある。そうした経験から身につけたのは、どんなに子どもが泣き叫んで暴れても自分は冷静でいられる「気持ちの切り替え」だ。自分たちの姿を、どこかから俯瞰《ふかん》で見ている感覚。

聴覚過敏が関係するケース

ヨミドクターの連載に公益財団法人日本ケアフィット共育機構へ執筆依頼した「街で障害のある人と出会ったら〜共生社会のマナー」があるが、その中で筆者のサービス介助士インストラクター・冨樫《とがし》正義さんがこんな事例を紹介している。

自閉症スペクトラム障害で聴覚過敏がある男性Aさんは、周波数の高い機械の音や子供などの甲高い声などが苦手で、居心地の悪さを感じたり、ときにはパニック症状を起こしたりと、生活に支障が及ぶことがあります。電車に乗るときは、いつも防音具であるイヤーマフや耳栓、イヤホンをして移動しているのですが、ある日、耳栓を忘れ、イヤホンの充電も切れてしまいました。その時、電車内でたまたま小学生の団体と一緒になり、周囲を囲まれ、甲高い声の洪水にさらされてしまいました。

イヤーマフはヘッドホンに似ているが、不快な音や騒音を防ぐ装置だ。電車の中や歩きながら音楽を聴いているかのように見える人の中に、そんな理由でイヤーマフを着けている人もいることを知っておきたい。洋介はイヤーマフを使ってはいないが、聴覚過敏はあって、とくに小さな子どもの泣き声を聞くとかなり不快らしく、両耳を押さえて耐えている。小さかった頃は、それが原因で自分も大泣きしてしまうこともあった。もしかしたら、電車の中でパニックになったときも、そんな甲高い声を聞いたのかもしれない。20歳を越えてからは、子どもの泣き声を聞いてもニヤニヤしながら耳を押さえているだけだから、どういう心境の変化があったのかと思う。大人になったということだろうか。いずれにしても、僕らには想像もつかない騒音の中に洋介はいるようなのだ。

この事例のAさんはパニックに陥って、立っていられなくなり、混んだ電車の中でしゃがみこんでしまう。すると、近づいてきた男性に「こんなところで座るな！」と叱責《しっせき》されてパニックが悪化し、息苦しくなってしまったという。僕らと同じような経験は、多くの人がしているのかもしれない。

幸い、すぐに、他の乗客が、Aさんがバッグにつけていたヘルプマーク（支援を必要としていることを周囲に知らせる東京都作成のマーク）に気がつき、「大丈夫ですか、席に座りませんか？」と手を差し伸べてくれました。この男性（Aさんいわく「すてきな紳士」）のおかげで、多少落ち着き、次の駅で下車してベンチで一呼吸置くことができました。

そういえば、妻も、電車の中で洋介に優しくしてくれたおじさんのことを「すてきな紳士」と言っていたっけ。「地獄に仏」なのだから、それぐらいの賛辞は惜しくないのである。

ちなみにヘルプマークというのは、赤地に白い十字とハートが描かれ、例えば、内部障害や難病などがあっても外見ではわからない人が身につけることで、電車やバスの中で席を譲ってもらったり、街中や施設内で必要な配慮をしてもらったりしやすくするものだ。妊婦や発達障害の人も利用できる。

◇

外出するときは、まるで爆弾を抱えているようにハラハラ、ドキドキ、緊張させられた洋介のパニックも、20歳を過ぎてからは頻度が少なくなった。今では、年に一度あるかないか……だけど、いったん起きてしまったら、今の僕の体力で今の洋介を抑えるのは結構、大変だ。かつてバラエティー番組『恋のから騒ぎ』で人気となった、自閉症の弟がいるタレント、島田律子さんの著書を原作としたＮＨＫのドラマ『抱きしめたい』（２００２年）で、旅先でパニックを起こした息子（加瀬亮）を抑えようとした父親（竜雷太）がはずみで大けがをするシーンを見たときは、「これが将来の自分の姿か」と思ったものだ。それでも今、なんとかなっているのは、洋介のほうが僕に合わせて、手心を加えているのかもしれない。

多目的トイレ前の惨劇…父は手で受け、弟は走った

間に合わなかった――。

買い物の途中など、急に大きいほうをもよおしたとき、大人であれば、ガマンできる間にトイレを見つけるだろう。子どもがそうなったら、「もうちょっとだから」と励ましながら、どうにか事なきを得るかもしれない。だが、「リスク」を予測して前もって備えたり、苦痛に耐えてガマンしたりすることができない人もいる。もちろん、洋介が「失敗」した経験など、いくらでもあるのだが、とりわけ記憶に残っているのが大型ショッピングセンターでの出来事だ。

洋介なりに耐えたものの…

20年ほど前、郊外に巨大商業施設が次々に造られた時期があった。近隣の千葉・成田市にも航空母艦のようなショッピングセンターがオープン。そうした施設は、従来の大型スーパーと比べて通路や売り場のスペースに余裕があり、段差も少なく、障害者用の駐車スペースもあって、様々な人が利用しやすくなっていた。大きく開放的なスペースであれば、洋介が大きな声を出したり落ち着きなく動き回ったりしても、それほど他人の目は気にならなかった。洋介本人にとっても、比較的ストレスを受けない場所だったと思う。

とくに重要なトイレ事情についても同様で、それまでの施設と比べて広く、快適な多目的トイレも設けられていた。幼い頃は、僕とならば男子トイレ、妻とならば女子トイレに入ればよかったが、体も大きくなるとそうはいかない。2人で入っても十分な空間がある多目的トイレの存在はありがたかった。とくに妻が介助する場合は、洋介を連れて女子トイレに入るわけにもいかず、多目的トイレは頼みの綱だったのである。

その日、おなかの調子が悪かったのか、洋介が買い物の途中で「ウンチ！」と言い出したので、あらかじめ場所をチェックしてある多目的トイレに急いだ。言い出したときはもう差し迫っているので、時間の余裕はない。やっと多目的トイレの前に着いたが、使用中だった。ドアの前に、同年代のお父さんらしき人が待っていた。幼い子どもと奥さんで使っているようだ。ついてきていた次男に男子トイレを偵察させたところ、個室はふさがっているとのこと。でも、2番目なので大丈夫……と思ったが、意外に時間がかかる。

洋介なりに頑張って便意と闘っていたが、「ウー！　ウー！」と訴え始めた。待っていたお父さんがこちらの窮状に気づいて、「おい、早く出てこいよ！」と自動ドアをドンドンたたき始めた。が、すでに遅く、僕は潔く諦めて、出てくるものをズボン越しに手で受けることにしたのだった。そして次男を伝令に出し、新しいズボンを買ってくるよう妻に伝えた（ほんとに役に立つ弟）。

誰でも使えるけれど

多目的トイレから出てきた母と子に、お父さんが怒っているので申しわけなかった。多目的トイレでなければ用を足せないわけでもなさそうだったが、小さい子がいて女子トイレの行列に並ぶのがつらかったのだろう。

多目的トイレは、必要があれば誰でも使える。以前、第一生命経済研究所が行った調査では、障害のない人が「1人で障害者対応トイレ（多目的含む）を利用した理由（複数回答）」の1位は、「一般のトイレが込んでいた」（64・6％）で、次いで「洋式便器を使いたかった」（17・5％）が多かった。「乳幼児と一緒に使った理由（同）」は「ベビーカーや子どもと一緒に入るスペースが必要だった」（59・1％）が最多だった。最近は、小学校などのトイレが洋式化されていない場合に、児童が排泄をガマンして体調にも影響を与えていることが問題視されているし、一般のトイレが狭くて使いづらいというなら、男性用・女性用それぞれのトイレ環境を改善することこそが必要だ。つまり、一般のトイレ問題のしわ寄せが、多目的トイレに及んでいるわけだ。大手トイレメーカーの人が、「子ども連れ向け機能や、オストメイト※対応機能を一般用に分散していくことも必要」と言っていたが、この10年、それほど改善していないのではないだろうか。

そういった事情から、障害のあるなしにかかわらず多目的トイレが利用されているのだが、そこを必要とする度合いは人によって様々で、「使えると助かる」人から、「ここでしかできない」人までいる。洋介はその中間あたりだと思っていて、場所としては必要だけれど、特別な装備（手すりやオストメイト用の設備など）を使うことはない。僕ら自身も含め、「自分たちよりもっと多目的トイレを必要としている人が次に来るかもしれない」と意識して、できるだけ時間をかけないですませたい。一見、障害がなさそうに見えても、オストメイト用の設備が必要な人がいるかもしれないし、ＬＧＢＴ（性的少数者）の人が一般のトイレを使いづらいということもある。

障害者用の駐車スペースにも言えることだが、「いつも空いていて意味がない」のではなく、使う人にとっては「空いていないと意味がない」のだ。

※人工肛門・人工膀胱《ぼうこう》保有者

かつてはひどかったトイレ事情

ちょうどその時期、多目的トイレをテーマに取材をしたことがあった。大手メーカーの展示場には最新の素晴らしい設備が並んでいた。しかし、街中にはまだまだ普及していなかったし、従来からあった障害者用トイレは、目を疑うような劣悪な設備であることも少なくなかった。

例えば、扉は手動の引き戸なのだが、ひどく傾いているために開けてもすぐ閉じてしまう。片手で押さえて素早く動ける人でないと入れないし、車いすではまず無理だ。手すりの上をトイレットペーパー置き場にしていたり、自動ドアの内側の開閉ボタン前に備品が

かつてはこんなトイレもあった

置かれていて、車いすの位置からでは手が届かなかったり（入れても、出られなくなる）。

こうした配慮のなさは、当時の駐車場にもあった。車いすマークは描かれているものの、一台ごとの幅が狭く、隣との間に余裕がないため、車を停めてもドアを開けて車いすに移れるだけのスペースがない。そして、そこから店内への入り口にはスロープがない、など。

ＴＯＴＯの担当者に取材した「望ましい多目的トイレの条件」は以下のようなものだった。利用者サイドから見れば、これ以外に、さらに重要な視点があるかもしれない。

〈1〉ドアは自動ドア。開閉ボタンは車いす利用者でも押しやすい位置に。

〈2〉入り口は段差なく、幅は90センチ以上。

〈3〉車いすが回転できるスペース。１３０センチ×１３０センチ。

〈4〉おしりの洗浄や水洗、緊急呼び出し用などのボタンは一列で、紙巻き器の上に。

〈5〉温水が出るオストメイト用水洗器具。
〈6〉洗面器の位置は車いすで使える高さに。
〈7〉介助や着替え、オムツ替えなどに使える折りたたみ式の多目的シート。

「不適切な使い方」は今も？　大事なのは想像力

多目的トイレに関しては、使い方にも問題が多かった。福岡のスタジアム近くに造られた商業施設には充実した多目的トイレが設置されていたが、その洗面台には、つけまつ毛がいくつも落ちていた。高校生が私服に着替えたり、お化粧をしたりするのだそうだ。当然ながら、長時間占拠することになる。プロ野球のゲームがある日は、多目的トイレの中で応援用のユニフォームに着替える人もいたらしい。

若者のマナーがとくに悪いわけでもない。例えば、いつも会社でエレベーターの「閉」ボタンを押して外に降りる習慣があるサラリーマン。次に乗る人がいる階へエレベーターが早く着くように、という気配りなのだが、多目的トイレでも同じことをしてしまう「うっかりさん」もいる。その後どうなるかは、想像できるだろう。いつまで待っても使用中のまま。そう、大事なのはいつでも「想像力」なのだ。

ただし、それも一昔前の話。今の多目的トイレは設備もマナーも進歩してきているに違いない。と思っていたら、最近は、「不適切な使い方」のせいで警備員が立ったトイレもあるようで……。

わけあってマスクできません……
コロナと障害

昨冬まで使っていたファンヒーターが不調のため、買い替えようと家電量販店に行った。店員さんの詳細な説明を聞いている間、洋介は機嫌よく広い店内を歩き回っている。高校生になった長女が後ろについて歩いてくれていたが、しばらくすると、暗い表情で戻ってきた。

「ここ、マスクしてないと入れないいんじゃないの？　……と、わざと聞こえるように言われた」という。自閉症の人には珍しくないが、このコロナ禍にあっても、洋介はマスクをしていることができないのだ。誰もが感染に対して神経質になっているご時世、僕らは何を言われても仕方ないな、と思っているけれど、思春期の娘にはかわいそうなことをした。

悩みの種は「マスク」

新型コロナウイルスの感染が拡大し、緊急事態宣言が発令された2020年4月以降、洋介が通う施設でも利用者に対し、通所やショートステイ利用の自粛を求めざるを得なかったため、洋介も一日のほとんどの時間を自宅で過ごすこととなった。どんなにストレスが高まるかと思ったが、この間、いたって穏やかに過ごしていた。昼間からアニメのDVDを見ながら、仏壇のお菓子を食べたりして、とくに周囲の変化が気になる様子もなく、こちらが拍子抜けするくらいだった。ロックダウンの可能性もささやかれていた東京のアパートから次男が避難してきて、久しぶりに家族全員がそろったこともあり、長い春休み程度に思っていたのかもしれない。

比較的平穏に過ごすことができたわが家だが、悩みの種になったのは、長女を悲しませた「マスク」である。洋介も何度か着用を試してみたものの、近所のスーパーに入って5分もすれば自分ではぎ取ってしまう。服の刺激が嫌いで脱いでしまうなど感覚過敏がある人では、マスクをすることも難しい。

店員さんが顔見知りのスーパーなど、身近な施設ではマスクなしでも大目に見てくれているが、好きな人には、男女問わず、顔を数センチまで近づけるくせがあるので、こちらがひやひやすることもある。見知らぬ人の中に出かける気にはならないので、感染拡大以降、遠出や電車移動はしていない。

　大阪では、マスクを着けていない客を見つけて注意する「接客ロボット」が開発され、実証実験を始めて、店舗で活躍したとか。このニュースを読んで、ロボットに追いかけられ店内を逃げ惑う洋介の姿が一瞬、目に浮かんだ。

これを着けることも

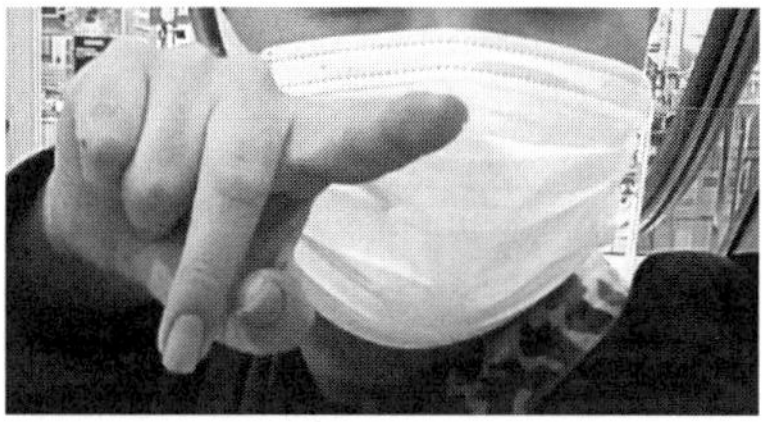

5分なら…

「新しい生活様式」と障害

　同じ施設の利用者にもマスクが苦手な人がやはり多く、一部、頑張って克服した人はいるものの、大半は今も着けることができないそうだ。施設外にお出かけする際は、できるだけ広い公園など野外を選び、他の人たちにできるだけ接近しないように注意しているという。また、「障がいがあります　マスクをつけられません」と書いたプレートを使い、外出時に身に着けて周囲の理解を求めている。洋介も一つもらって使っている。ほぼ以前のように通所できるようになってからも、施設は感染防止に相当、神経を使っているようだ。食堂の密を避けるために、職員は冬の寒空の下でも、屋外で昼食を取っていたというから、頭が下がる思いである。

もっとも、マスクをめぐる気苦労は、自閉症の人とその周囲に限らない。ヨミドクターの連載「街で障害のある人と出会ったら〜共生社会のマナー」では、マスクができない認知症高齢者への理解を求めている。また、この連載では、視覚障害のある筆者が、お店が接客に「ソーシャルディスタンス」を徹底するあまり、以前のような買い物の援助を受けられなくなったことを書いている。これまでは店員に陳列棚まで案内してもらい、商品名や、食品なら具材や味付けについても読み上げてもらって品物を選んでいたが、コロナ感染が拡大して以降、そうした援助を頼んでも店から断られているという。マスクに限らず、いわゆる「新しい生活様式」が障害のある人の暮らしに及ぼす影響は多岐にわたっているようだ。

ただ、障害のある人と家族が「マスクができない」ことに理解を求める一方で、肺炎の経験や高血圧などの基礎疾患がある人が、通常以上に感染を心配せざるを得ないのも確かだ（僕自身も高血圧である）。さらに、臓器移植を受けた患者などは免疫抑制剤を使用しているため、感染に対しては細心の注意を払わなければならない。

これもヨミドクターだが、当事者であり医療コラムニストのもろずみはるかさんが、連載「夫と腎臓とわたし〜夫婦間腎移植を選んだ二人の物語」の中で、移植経験者から見た感染不安について書いている。

私には、震え上がる理由がある。私たち患者は、移植された臓器への拒絶反応を抑えるため、毎日決められた時間に免疫抑制剤を服用する必要がある。生涯にわたってだ。

意図的に、免疫を抑制しているのだから、感染症にかからないよう、行動を慎まなくてはならないという自覚がある。だから、新型コロナ関連のニュースを見ると、背筋が凍りつき、徒歩3分の場所にあるスーパーマーケットにすら、怖くて出かけられなくなる始末だ。

移植経験者のように切実な事情を抱えた人がいることは、理解しなければならないだろう。

こうしたコロナをめぐる多様性を踏まえたとき、新しい生活様式はどうあるべきなのか。なんらかの不便やリスクがある人の視点から、今一度、問い直す必要がありそうだ。

不寛容な潔癖さの広がり

洋介のようなのんきな人は例外として、コロナ禍による外出自粛では、相当に困ったケースが多かったようだ。自閉的傾向がある人では、生活パターンが崩れ、先の見通しがつかないことで、不安とストレスからパニックを起こすことは想像に難くないが、施設通所の時間が制限されたことで混乱して大騒ぎになったり、日頃買い物をしていたお店が閉まっているため、代わりにひたすら長時間のドライブ（高速道路まで使って）を強いられたりと、大変な思いをした人は少なくなかったそうだ。基礎疾患があって感染を恐れる親が子どもの通所を控えるほど、家庭内のストレスが高くなるという八方ふさがりのケースも想像できる。押し寄せる不便さと感染の不安。仮にコロナ感染で誰かが隔離されたとすると、それが介助をする家族、また本人であった場合でも、果たして療養と生活が成り立つのか想像もできないという人が多いのではないだろうか。

わが家でも、長い間、洋介が予防接種の類を受けられていないという大きな問題がある。もちろん、予防接種だけではなく、注射全般だ。

以前、新型インフルエンザにかかったと思われたとき、もう高等部だったため小児科の休日診療に断られ、仕方なくアポなしで行った大学病院で何人かの男性に押さえられて無理やりされたのが最後の注射経験。長く〝主治医〟でいてくれいている小児科の先生の「インフルエンザよりも、まずは三種混合ワクチンを打ったほうが……」という判断で試みたことがあったが、試行錯誤の末、しまいには看護師に「君が通りすがりに打つのはどうか?」と、映画に出てくる殺し屋の手口のような提案までしてくれたものの、やはり注射はできないままで現在に至っている。およそ10年の間、予防接種を「免除」されてきたので、最近は家族で病院に行っても、「自分は受けないから大丈夫」と涼しい顔である。たぶん、一生受けなくてもいいと、本人は思っているだろう。新型コロナワクチンの供給が現実となった今、どうやって洋介にワクチン接種すればいいのか……それもまた難問。

感染の不安に加え、もう一つ気になるのは、不安と恐怖に裏づけられた不寛容な潔癖さの広がりだ。医療従事者への偏見、その子どもの保育拒否などといった事例は絶えない。

これは障害のある人たちにとっても、生きやすい状況とは言えないだろう。誰もが経験したことのない困難が、人と人とを分断してしまうことがないよう、わが身から戒めていかなければならないと思う。そして、コロナの一日も早い収束を願うばかりだ。

Ⅲ

光のほうへ

わが子を悪く言うようで…
葛藤する障害程度の調査　慣れてるつもりでも

「なんかやったな！」

キッチンで妻が叫んでいる。言われてみると、家じゅうにいい匂いが漂っている。これはシャンプーかボディーソープだろう。

匂いのする液体があると、洗面所に全部、流してしまうという遊びに洋介がハマってしまったのは、この5年ほどだろうか。シャンプー類ならいいが、化粧品や洗濯用の洗剤や漂白剤などに手を出すこともあるので、気をつけなければならない。歯磨きのチューブも好きで、これは一気にギュッと絞り出す。大量に流れるのが面白いのか、気持ちいいのか。たぶん、スカッとするのだろう。キッチンにも魅力的なものが多く、ペットボトルを逆さまにして豪快に全部流してしまい、家族のひんしゅくを買うのだ。ついこの前は、しょうゆの空きボトルを持って遊んでいたので焦ったが、中身はソファにぶちまけただけで、飲んではいなかったようで安心した。

なので、こちらもボトル類は隠し場所を決め、シャンプーなどの詰め替えの際には中身をいつも半分以下にキープし、流されても被害が少ないようにしている。しかし、敵もさるもので、家の中であればだいたい数日で探し出すし、この日は買ってきたばかりの洋介用のトニックシャンプーが一度も使わないまま餌食《えじき》になってしまったので、妻のショックは大きかった。

「もう、洋ちゃんにはかなわないわ……」などと嘆きながら、妻はふと何かを思い出したもよう。「これも明日、言おうかな」。

障害支援区分　調査は〝真剣勝負〟

翌日は、市が洋介の障害支援区分を判定するため、面談をする日なのだった。洋介は最重度の「6」判定を受けている。区分は受けられる福祉サービスや事業所への報酬にかかわるから、この面談は思いのほか〝真剣勝負〟となる。本人の状態が現実に良くなってはいない以上、区分は維持したい。

しかし問題は、洋介にも一応、「よそ行きの顔」があって、知らない人の前だと妙におとなしく、妙に聞き分けが良くなってしまうことだ。普段の狼藉《ろうぜき》ぶりが影を潜め、「実際よりも軽い判定を受けてしまうのでは？」と心配になる。

厚生労働省が示す調査項目は、「寝返り」「歩行」など身体的なことや、「食事」「入浴」「排泄」などの自立度、「金銭管理」「電話」など社会的なことなど多岐に及ぶ。主治医の意見書も必要だ。面談で普段の様子を伝えるとなると、結局、わが子の「できないこと」「問題行動」を、親が自ら並べ立てる状況になる。「食事は一人でできません」「お風呂では自分でちゃんと洗えません」「お金を理解していません」……。

前回は3年前で、市の調査員の前に、本人と妻と通所施設のスタッフが臨んだが、畑仕事の途中だった洋介が顔じゅうに自分で泥を塗りつけた状態で登場するというナイスアシストがあった。

初めはつい息子を「擁護」して

最初に「判定」を受けたのは、洋介が小学校に入ったばかりの頃で、場所は県の中央児童相談所。初めて「療育手帳」の交付を受けるためだった。放課後の教室のような寒々しい部屋で、身の回りの自立度や言葉の発達などたくさんの質問を受けたが、「できると思います」「できるときもあります」などと答えてしまうことが多かった。障害の判定をするのは公的な支援を受けるためだと頭ではわかっていても、つい、わが子の評価を良くしようという心理が働いた。心のどこかでは、依然として障害を受け入れられない気持ちが色濃かったのだろう。

そのときの判定は中度の「B」。これが、小学校高学年には「A」となり、成人の手帳に移行すると、さらに重度の「マルA」となった。学校を卒業し、通所施設などを利用するようになってからは、市の障害支援区分や年金の手続きもあり、僕らも洋介の「できないこと」や発達の遅れを並べたてることに、少しずつ慣れてきた。

大きくなるにつれ、障害の判定は重くなっていった
（特別支援学校中学部の卒業式）

やっぱりその日の夜は…

日々の暮らしの中で、わが子が「重度」だという

実感があまりないのは、特別支援学校などで洋介よりもずっと大変そうな子どもを多く見てきたからだ。肢体不自由との重複障害の子や、興奮して人を傷つける可能性もある子、反対に自傷が激しくて目を離せない子……。そのため、こうした「判定」になると、「今度はランク引き下げかな？」などと思うのだが、今回の面談を担当した市の調査員の感触は「変わらないのでは？」ということで、やはり客観的に見て最重度なのには違いなさそうだ。「うちの子、なんでもできそうに見えるから……」との心配も、親の欲目なのだろうか。

これまで、数えられないくらい経験した「評価」の場。平日の面談に出かけることが多く、僕よりもずっと慣れているはずの妻も、そんな日の夜はきまって頭が痛くなるという。平気なようでいて、息子を悪く言い続けるのは、やっぱり今も相当なストレスなのだろう。

「この子に障害がなかったら一緒にしたかったこと」をすればいい…背中を押され山へ

今年も夏山シーズンが到来。新型コロナへの不安から観光地の人出が減っている中でも、登山道は思いのほか賑わっているようだ。洋介が小学校5〜6年生の頃だったか、毎月のように、一緒に山に登っていた時期があった。

次男のためにと始めたが

放っておくと、危険なこともしかねない洋介の後を追いかける日々が続き、2歳下の次男とは、ちゃんと向き合う時間がないことを気にしていた。本人はそれに不平を言うわけでもなく、聞き分けのいい「いい子」だったが、その代わりと言っていいのか、ポケモンなど流行のゲームソフトやカードを欲しがることが多かった。モノを要求することで、親の愛情を確かめていたのかもしれない。僕らも、次男に対してはすまなく思う気持ちがあり、欲しがるままについ買い与えがちだった。しかし、それでは……と、思い立ったのが、月に1度、次男だけを連れて山に登ることだった。高校の山岳部時代からずっと山に親しんできた僕にとっては、少しだけ特殊な子育ての日々が続く中で、いつの間にか〝封印〟してきたことでもあった。

ところが、那須岳（栃木県）、蓼科山（長野県）と2度の山行の後、1歳にならない長女の世話に忙しかった妻から、「洋介も連れて行って！」と強い要求があったため、その次からは洋介も連れ、3人で登ることになった。次男には悪いが、結局、こういうことになるのだ。

とはいえ、洋介がどこまで登れるのかは全くの未知数。まずは、車でかなり山頂近くまで行ける群馬の赤城山を選んだ。登山口から約1時間半の直登コース。いざ登り始めると、こちらの心配をよそに、洋介は楽々と登って行った。

山ではみんな寛容になる

洋介と登ってみてわかったのは、僕らは山にいるとき、とても気楽だということだった。

街中なら、いつも「突発的に動いて小さな子にぶつからないか」「人込みでパニックにならないか」「大きな声を出して迷惑をかけないか」……などと考えて気が抜けないのだが、山では街中ほど人と人の距離が近くないし、たいていのことは気にならないみたいだ。大空の下では、人の気持ちも寛容になるのだろうか。

乗鞍岳山頂にて。洋介（右）と次男

そんなことを感じながら山頂で一休みしていると、洋介がペットボトルをラッパ飲みしようとしているのが目に入った。しかし、僕らが持ってきたペットボトルではない。そばにいた他の登山者のリュックのポケットに差してあったお茶のペットボトルを、抜き取って飲もうとしていたのだ！

これが洋介の初登山で、その後、近所からも見える茨城の筑波山など低山を中心に、富士山が間近に見える三ツ峠山（山梨県）や、真夏にはバスでかなり高い場所までいける北アルプスの乗鞍岳（岐阜県、長野県）など。慣れてきた頃には、頑張って甲武信ヶ岳《こぶしがたけ》（山梨県、埼玉県、長野県　標高2475メートル）にも登った。比較的楽な千曲川源流からのコースで標高差は約1000メートル。一般の所要時間は4時間のところ、たぶん7時間ほどかかったと思うが、その夜、テントから見上げた星空は圧巻だった。

雷の音に耳を塞いで動かず……

もちろん、山で困ったこともある。長野の菅平から群馬県境の四阿山《あずまやさん》（標高2354メートル）に登ったときのことだ。ブヨに悩まされながら、根子岳《ねこだけ》から四阿山へ縦走。長い行程で疲れたものの、とくに何事もなく下山する途中、迫る夕立に先駆けて雷が鳴り始めたのだ。問題はこの「雷鳴」で、それほど大きな音ではなかったのだが、聴覚過敏のある洋介にとってはとてもつらいらしく、耳を塞いで動かなくなってしまった。雨が降る前に下山したいので、結局、洋介のリュックを次男に持たせ、僕は洋介を抱えて下山したのだった。まだ30代だったからできたのだが、今はもう無理だ。

雪の陣馬山（東京都、神奈川県）に登ったときは、駐車場から数十分の短い行程だったが、山頂のお茶屋附近で雄大な富士を眺めている間に、なんと洋介を見失ってしまった。焦って探すが、どこにも見当たらない。直感で「こっちだ！」と思った道を急いで下っていくと、他の登山者の後ろについて下山していく洋介の後姿を発見。胸をなでおろしたこともある。

冬の陣馬山。野鳥の声を聞く洋介

心に刻んだ言葉

山に登るときの洋介は、とにかく登山靴を早くはいて、早く歩き出したい……とせっかちだった。ただ、楽しいとか、つらいとか、はっきりと気持ちを表現することはなかった。どう思っていたのか知りたいところだ。

それより少し前、自閉症の息子と山梨・長野の県境にある金峰山《きんぷさん》に登っている父親を取材したテレビ番組を見たことがある。とても、自分たちには無理だと思っていた。ただ、背中を押す言葉をもらったことがあった。

ある国立病院で、心理の専門職に相談する機会があった。洋介は、前に触れた「ツバ飛ばし」が全盛の頃。その年配の女性は「よくもここまで野放図に育てましたね」ときつい口調で、相談室でおもちゃを一通りいじった後は、「全部、きれいに拭いてから帰ってください」と厳しく言われた。妻は「もう、二度と行かない」とプンプンしていたが、その女性の一言だけは僕の心に残った。

他の子のように、一緒にサッカーをしたり、ゲームをしたりできない。以前は「たかいたかい」をしてあげるとよく笑ったが、今はもうそんな体の大きさでもない。キャッチボールは好きだけど、それを延々と繰り返すだけになってしまう。もっと遊んでやりたいがどうすれば……と聞いたところ、女性はこう言った。

「お父さんが『もし、この子に障害がなかったら、一緒にこんなことをしたかった』ということがあるでしょう。それをやればいいんです」

自分の「気の迷い」だったのか

しばらく続いた父と子の登山だったが、僕の父親が亡くなる前後の忙しさの中で、いつの間にか途絶えてしまった。その頃の大量の写真をたまに見返すと、親子の一番の思い出のようでもあり、ただの若い父親の「気の迷い」のようでもあり、苦酸《にがす》っぱいような複雑な味がする。

自閉症の人には特別な才能がある？息子が作った「最高傑作」は…

あるクイズ番組を見ていたら、ディズニーに関係する歌の歌詞を尋ねる問題に、クイズの達人的な若者が苦戦していた。「世界は〇〇〇……」という東京ディズニーランドのアトラクションの中でも流れている曲。僕らも全部はわからなかったので、出だしだけ洋介に歌って聞かせたところ、つられて最後まで歌ってくれ、結果、全て正解だった（若者は惜しいところで不正解だった）。どこで教わったのか、いろいろな曲の歌詞を正確におぼえていて驚かされることがある。

映画やドラマのようには……

自閉症スペクトラムの人が、特別な才能を発揮して話題になることがある。サヴァン症候群という言葉を、どこかで耳にした人も多いだろう。西暦○年の○月○日は何曜日かをすぐに答えられるとか、音楽を一度聞いただけで正確に演奏できるとか、並外れた暗算力があるとか。そうした人を主役にした映画やドラマもあり、映画『レインマン』でダスティン・ホフマンが演じた自閉症の男性は、4桁のかけ算を一瞬で暗算できた。ドラマでは、2012年の『ATARU』で中居正広さんが膨大な知識で犯罪捜査に協力する青年を、2018年の『グッド・ドクター』では山﨑賢人さんが驚異的な記憶力を持つ研修医を演じたので、多くの人が印象を強くしたに違いない。情報番組でも、ピアノなどの演奏で特殊な才能を持つ少年が紹介されたり、身近にも、恐ろしく精緻《せいち》な絵を描いて作品展に入選する人がいたり。

しかし、自閉症などの障害がある人が「異能の人」として紹介されがちな風潮については、違和感を持つ当事者や家族も少なくないようだ。実際は、障害のない人がそうであるように、特別な才能がある人はほんのひと握りの存在。洋介も幼い頃から音楽教室やスイミングスクールなどに通ったが、残念ながら今まで、何かが萌芽《ほうが》したということはない。

二つのピースをいきなりピタリと

ただ、たくさんの歌詞をおぼえているように、記憶力がいいのは確かだ。もう一つ、すごいと思うのはジグソーパズル。僕らはまず、わかりやすいキャラクターの部分や、縁の部分から始めたりするのだが、洋介の場合は、３００個あるピースの中から、いきなり二つを取り出してピタリと合わせるから驚く。形で見つけるのか、絵柄なのかはわからない。ただ、そんな離れ業をやってのけても、パズルの完成を目指してはいないので、仕上げる前に多くのピースをなくしてしまうのだった。

マリーンズのスター選手と（中央が洋介）

意外と器用なのがボールの扱いで、キャッチボールをすれば、かなりコントロールよく投げてくる。それを買われて、特別支援学校時代にはペタンクの選手に選ばれたり、ソフトボール部を勧められたりした。千葉ロッテマリーンズの主力選手ら2人が学校を訪れたときには、生徒代表としてユニフォームを着せられ、キャッチボールの相手をしてもらったこともある。ボールを扱っているとしっかりしているように見えたのか、キャッチボールの後にマイクを向けて話しかけてくれたが、何もしゃべらないので困ったようだった。そんな洋介だったが、ゲームとなると、ルールを理解して参加するのは難しかった。

洋介の「小さな世界」

得意なことが何かの達成につながらないのは残念な気もするが、本人にとっては意味のないことなのだろう。そんな洋介も、大きな作品を作ったことが一度ある。

ディズニーやアンパンマンなどのキャラクターをかたどった親指ほどの小さなフィギュアがある。洋介は幼稚園時代からそれが大好きで、与えるうちに100体近くにもなっていた。ある日、「静かに遊んでいるな」と思っていたら、テーブルいっぱいにフィギュアが並べられていた。「すごーい。並んだねぇ」などと言いながら近づいて、はっとした。

横並びで何列も並べられたフィギュアは、どれも隣と手をつなぐように置かれていて、誰一人として仲間外れになってはいなかった。ヒーローも、悪者も、恐竜もどこかうれしそうで平和な世界だった。絵画など、学校の先生の指導もあって（というか、指導のせい

3時間も聴けたコンサート。良いものはわかるのか？

で）入選したこともあるのだが、このテーブルの上の「小さな世界」が彼の最高傑作だと思っている。

良いものはわかる？

3年前、クラシックのコンサートに招かれた。主催者から、障害のある人も多く聴きに来るという話を聞いたので、永田町の近くにあるホールまで洋介と2人で行くことにした。とはいえ、3時間のコンサートを最後まで聴くのは無理だと思っていた。1時間ほどたって、案の定、飽きて落ち着かなくなってきたそのとき、舞台にバイオリンのソリストが登場。視覚障害のある奏者で、著名な人であった。

演奏が始まると、これまで声を出したり立ち歩こうとしたりしていた洋介が、ソリストをじっと見つめて動かなくなった。その後は、音楽に集中できるようになり、なんと3時間のコンサートをアンコールまで聴くことができたのだ。

その話をすると、妻は「洋ちゃん、良いものはわかるのね～」とご満悦。ところが、自分が最近始めたウクレレでは、弾き始めるとすぐに毛布をかぶってしまう洋介との間に、軽い緊張が走っている。

女の子に手を握られて…けっこうモテた10代の頃

地元の小学校に通っていた頃は、学年が進み、周りの子どもたちの勉強も運動も高度になっていくにつれ、洋介一人が別行動になることも多かった。運動会でも、一人遅れてあちこちよそ見をしながら、先生とゆっくりゆっくり走り、他の子どもや保護者たちの「洋ちゃんガンバ！」の声を集めながらなんとか完走するのがパターンになっていた。ところが環境が変われば人も変わるもので、中学から隣村（当時）の養護学校、その後の特別支援学校に進んだとたん、体育祭ではぶっちぎりでハードルをびゅんびゅん飛び、トップでゴールするようになった。もともと体力がないわけではないので、なにか自信のようなものが芽生えたのだろうか。

この時期、気がつくと女の子が近くにいることがあった。なにかと世話を焼かれていたり、たまに手を握られていたり……ただ、洋介本人は無反応だった。一般の中学生のように「告白する」なんてことはないけれど、ずっと近くにいて、とても純粋なのだった。そんなふうに10代の洋介は結構モテたが、こと恋愛とか性に関することでは、あまり顕著な成長は見られなかった。障害のある子の成長とともに、一つのテーマとなるのが性の目覚めなのは確かで、沸き立つものに対処する術を持たない子は、つい異性に触ってしまったりすることもある。ところが、本当に良いことなのか悪いことなのかわからないが、洋介の場合、ほとんど問題が起きることはなく、たまに顔を間近にまで近づけてあいさつするのは女性が多い気がするが、僕にもしょっちゅうやってくるし、どこまで異性を意識しているかはわからない。

中学部では活躍できたけれど

養護学校ではいろんな面で活躍の場が増えた洋介だったが、実はそれもつかの間だった。洋介が高等部に進学した頃、特別支援学校の生徒数は急増。発達障害というものが世間に知られ、診断される子どもたちが増えたこともあり、多くの生徒が特別支援学校に流入してきたのだ。特別支援学校ならしっかりとした就労支援をしてくれるという期待もあっただろう。洋介の通う学校も賑やかになり、とくに「おしゃべりがよくできる子が増えたな」という印象だった。そうなると、体育祭や文化祭などの行事の主役となるのは、そうした「できる子」たちで、洋介は再び目立たない立場になっていた。なかなか難しいものだと思ったが、高等部の学級には障害の非常に重い子から軽い子まで幅広くいて、自然と助け合う雰囲気もあった。この頃の洋介は実際、楽しそうだった。

余談だが、養護学校、盲学校、ろう学校から特別支援学校に制度が変わったのは2007年で、洋介は中学生だった。名称もこの通りに変更した県が多かったのだが、困ったのは「校歌」だったのではないだろうか。「ようごがっこう〜」だった部分が、「とくべつしえんがっこう〜」になるので、子どもも先生もそこを歌うのに一生懸命だった。「特別支援学校あるある」だと思う。

特別支援学校の深刻な問題

ところが、全国を見渡せば、そんなのんきなことを言っている場合ではなかった。この時期、生徒数の急増により、全国的には深刻な問題が起きていたのだ。特別支援学校の「教室不足」である。

都内の大規模な特別支援学校を訪ねると、まず教室をカーテンで仕切って2つに分けて使い、いびつな空きスペースに作られた「準備室」のような小部屋も一つの教室として利用していた。横長の空間に机を横一列に並べ、教室として使っているのも見た。廊下の突き当たり部分や玄関ホールの一部も仮設の壁で仕切って教室にしていたし、職員室も縮小して、先生たちのロッカーや机は廊下に追い出されていた。

特別支援学校の一クラスは少人数に定められていることもあり、生徒が増えれば必要な教室の数も増え、施設面で追いつかなくなっていたのだ。神奈川県では、高校などの空き教室に特別支援学校の「分校」を設置して生徒を分散した。分校に行くのは、公共交通機関を使って通える子どもに限られたが、これには他校の生徒たちや地域との交流ができるという一面もあった。

体育の授業は公園で

仙台市に近い郊外の支援学校（宮城では「特別」はつかない）では、中庭をつぶしてプレハブ校舎がひしめき合っていたし、福島の大規模校では、すでにグラウンドをなくして新校舎を建て、生徒たちは体育の授業を校外に出て、公園などで行わなければならなかった。

熊本の学校では、定められた人数を超えたクラスを作らなければ、運営できなくなってい
た。
　2008年の教室不足は全国で2797。1割の学級が、臨時の「教室」を使っていた。職員室もなくなり、廊下の片隅に置かれた机で仕事をする先生の写真を新聞の夕刊一面に載せたところ、反響が大きかったのをおぼえている。
　問題なのは、ただ狭いということだけではない。教室に入りきらない資材が廊下にたくさん置かれ、火災などの災害時、肢体不自由の子どもを含めた生徒・児童たちの避難の妨げになることは容易に想像できた。教室を仕切った場合、応急的に作ったスペースで授業を受けている場合、避難路・出口が安全に確保できているのかも疑問だった。そもそも特別支援学校には建て増しを重ねて大きくなったところが多く、校舎が迷路のように入り組んで、意外に段差などもあったりする。普段の学校生活での不便もそうだが、災害が起きたときのことを考えると心もとなかった。こうした実情を、当時の校長たちが取材に対して隠さず見せてくれたのは、そんな危機感の表れであり、声を出さなければ変わらないという思いだったのだろう。そして、その約1年後、東日本大震災が起きた。

教室不足はなぜ解消しない？

教室不足に対処するには費用や人員面で限界があったのに加え、少子化が進み、いずれはピークを越えるだろうという見立ても、行政にはあっただろう。しかし、2019年時点での教室不足は全国で3162と減ってはいない。そして、本質的な問題は残る。

いったん学校に入れれば、目を疑うような実態がありながら、それが一般的にはほとんど知られていなかったことだ。不十分な教育環境、災害時には生命を脅かす危険をはらみながら、保護者からも改善を求める声が大きくならなかったのはなぜだろうか。

確かに、障害のある子どもたちの教育にはお金も人も多くかかる。1クラスの人数が少ないから、それだけ多くの教職員も設備も必要だ。行政や社会に対して、保護者が「お世話になっている」という気持ちになってしまうのはわかる。僕も、洋介の福祉サービス利用について、市から月々送られてくる明細を見ると、「こんなにかかっているのか」と思うことがある。

しかし、わが子の受ける教育と身の安全が確保されないということは、人の尊厳にかかわる問題であり、ここに目をつぶるわけにはいかない。これが一般の小・中・高校で起きたら、大騒ぎになっているのではないだろうか。そうした実態が許容されてきた背景には、小・中・高校に定められている設備などの設置基準が特別支援学校には存在せず、法令違反とはならなかったことがあるが、なぜ、これまで設置基準さえなかったのだろうか（現在、文部科学省が策定を進めている）。そして、子どもを守る側の保護者や教師にも、「お世話になっているのだから仕方ない」という意識がなかっただろうか。

障害のある子が健全に育つためにコストがかかるのは確かだが、人間存在そのものをコストに換算することはできないのだ。

「障害児を育てることは社会的なコスト」の声

「障害者とコスト」と言って、思い出されるのが２０１６年の相模原障害者施設殺傷事件だろう。加害者は、「重度の障害者たちを生かすために莫大な費用がかかっている」などと主張していたという。そして、障害のある人と家族の心を凍らせたのは、この加害者の考えを支持する意見がネット上を中心に少なからず見られたことだ。

ヨミドクターに２０１７年から２０１９年まで連載し、非常に多くの反響を集めたコラムに小児外科医・松永正訓さんの「いのちは輝く〜障害・病気と生きる子どもたち」がある（中央公論新社から『いのちは輝く　わが子の障害を受け入れるとき』として書籍化）。ダウン症や18トリソミーなどの染色体異常、全前脳胞症や二分脊椎といった重い奇形などを伴って生まれてきた赤ちゃんを迎えた家族が、命の水際に立って、どんな選択をし、どう生きたのかを描いたものだ。その担当編集者として、僕は全編にわたって伴走をした。読者から様々なコメントが寄せられたが、一定数あって筆者と編集者を驚かせたのが、やはり「障害児を育てることは社会的なコストだ」という意見だった。「生まれてこないほうがいい」「育てる必要はない」といった声と、それに反論する声で、同連載のコメント欄は騒然となった。

「自然界なら淘汰される命」

この連載の最後に、僕がインタビューする形で、筆者の考え方を示している。

――重い障害のある子の命を救い、育てていくことに否定的な意見の中には、それを社会的なコストと見るものが目立ちました。

障害児の福祉に使われているのは、われわれが払った税金だと……。そうした意見は、必ず出ます。しかし、日本の福祉に関する予算のなかで、「障害」に使われる部分は、決して大きくありません。むしろ、足りないと思います。

「自然界なら淘汰《とうた》される命だ」という指摘もありました。人間の社会では、みんなが安心して暮らしていくために、先人たちが苦労し、「社会福祉」という制度を編み出したのです。障害のある子どもの命が守られない社会は、みんなが不安な社会なのではないでしょうか。

いつ誰が、支える側から支えられる側に変わるかもしれない。そのリスクを社会全体で負うのが社会福祉であり、人類が長い文明化の歴史の中で編み出した仕組みである。僕らはただの自然界に生きているのではない。

人間であることに基準はない

また、連載の編集作業をしながら、強く印象に残ったのは、松永さんが紹介したドイツの第6代連邦大統領・ワイツゼッカーの言葉だった。

「異なっていることこそ正常です。人間であることに基準などはありません」

費用対効果の計算をして、障害のある子どもを産む両親を非難、中傷する風潮に対し、それは人間の尊厳を守ることへの違反だという考えを示している。ナチスがその優生思想に基づいて障害のある人たちを排除してきたドイツの歴史を背景に、現代の指導者としての思想を明確に語った言葉だ。相模原の事件の後、こうしたメッセージを発した政治家はいただろうか?

クリニック中が大歓声！ 10年通って1本の虫歯を治すまで

「ヤッター！　ついにできたね」「すごいね、洋介君」――。祝福の嵐が起こったのは、歯科のクリニックである。歯科医も歯科衛生士も大喜びだったのは、1本の虫歯を治療できるまでに、計10年に及ぶ長い道のりがあったからだ。

検診を兼ね、歯医者さんに慣れるためにと通い始めたのが、千葉県内にある大学病院。「親知らずが気になる」ということで、口を開けて見せることから始め、ちょっとずつ慎重に、とにかく気の長い先生だった。「洋介のペース」に合わせてくれるのは安心だったが、なにしろ通院に往復2時間半かかって診察は5分。2年かけて「糸ようじが使えるようになりました！」というのには参った。

そのため、同じ障害のある子の親に勧められ、片道30分ほどで通える佐倉市のクリニックに転院。そこで、まさかの虫歯が見つかった。軽いものではあったが、歯を削るという大きな問題が、洋介の前に立ちはだかったのだ。

えっ、全身麻酔をするの?

もう20年以上前だが、歯科医になった中学の同級生がわが家を訪ねてきた。「子どもが嫌がって治療させてくれないときはどうするんだ」と聞いたら、ふたつ返事で「ネットで巻いて、動けないようにして削る」と。それで親には、「あなたたちがしっかり口の健康管理をしなかったから、こうなったんですよ」と説教するのだという。なるほど。その通りだが、こいつには診てもらわないと決めた。

実際、その頃の歯科は過渡期にあって、「障害のある人を拘束することなしに治療する」と掲げた地方の歯科医師グループを取材したときも、拘束する道具は手の届くところに備えてあった。

千葉県自閉症協会長で脳外科医の大屋滋さんらが発達障害者と家族に実施したアンケート(回答数374)によると、「受診して困った診療科」の最多は歯科で148。特別支援学校や児童デイサービスの仲間がどうしているのかを聞くと、障害のある子を専門に診る外来がある大学病院などに通っていたが、最終的には「全身麻酔で治療した」という人が何人かいた。なので、口腔《こうくう》ケアで通いながらも「虫歯にだけはゼッタイにしない」と固く誓い、毎日の歯磨きに余念がなかったはずなのに……。

若い歯科衛生士さんの励ましで

左下の奥歯に虫歯が見つかったのは4年ほど前だった。目を離すと、フッ素入り歯磨きのチューブを直接吸って叱られていたこともあって、「だから虫歯にはならないのでは？」などと勝手に納得していたが、そんなはずはなかった。クリニックでは、口を開ける、器具を入れる、患部に触らせる……と小さなステップを重ね、まさに「三歩進んで二歩さがる」という古い歌詞を体現する日々。それでも嫌がらずにクリニックへ通ったのは、歯科医の先生が洋介一人に1時間半もかけて焦らず診てくれたことと、それ以上に、洋介と同年代の優しい歯科衛生士のお姉さんが「頑張ろうね！」と手を握って励ましてくれたことのおかげだろう。そしてついに、25歳にして初の虫歯治療に成功したときには、親もクリニックの人たちも大感激だった。さあ、これで長かった歯科治療も終わり、と思ったが、そうはいかなかった。

削ることは成功したのに、それを埋めることができない。使う器具の形が注射器に似ているせいか、怖がって押しのけてしまうのだ。削った部分をそのままにして、埋められるまでにさらに3か月を要したのだった。

15年ぶりに理容店再デビューも

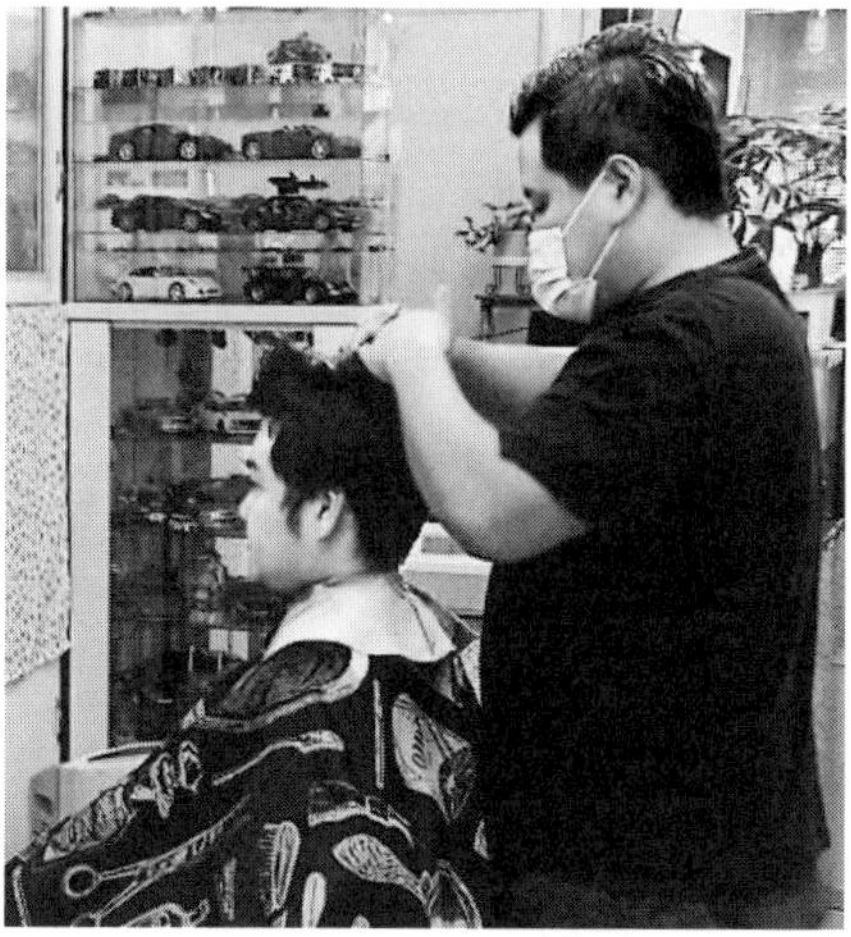

もうすっかり慣れた様子

一つのことをできるようになるまで、他の子よりも長い時間がかかる洋介だが、それが達成できたときの喜びはひとしおである。その点は、他の親よりもトクしている部分だと思う。そして、気の遠くなるよう難問、絶対に無理だと思った課題だって、いつかは乗り越えられるものだと教えられるのだ。

通っていた理容店から断られたことは前に書いた。自宅から歩いて3分の理容店で、やたらと手際のいい理容師さんに髪を切ってもらっていたのだが、その人が移籍したとたん、店の入り口で断られてしまったのだ。そのため小学校低学年から、洋介はずっとお風呂場で妻に髪を切ってもらっていたのだった。しかし、20代になって、やはり、それなりに若者らしい髪形にしてやりたくなり、思いきって僕が利用していた理容店で頼んでみたところ、若い理容師さんが「僕、経験があるから、やりますよ」と言ってくれた。

実に15年ぶりに理容店に入った洋介。後方からハサミが出てきたりすると、びっくりしてしまうこともあったが、理容師のお兄さんが、寡黙《かもく》ながらていねいに、時間をかけて切ってくれたおかげで、最後まで座っていることができたのだ。お兄さんの経験と技術もあったが、洋介本人も、親が知らないうちにゆっくりと成長していたのだろう。これで、「ママの散髪屋さん」も約15年で閉店。その間に洋介も、わずかに白い毛が見つかるような年齢になっていた。

世界を広げた洋介自身の力

小学校に入った頃は、通っていたスイミングスクールや理容店に「出入り禁止」とされ、世界が狭まっていくような悲しい思いをしたものだ。それから15年という月日を経て洋介は、間違いなく、自分自身と周囲の世界を変えてきたのだった。身長もわずかに僕を超えた姿を見て、頼もしく思う。

というわけで、アラサーにして、歯医者さんと理容店という新しい世界を獲得した洋介。さて、次はいよいよワクチン接種か……。

元旦の朝の驚き…ゆっくりでも前に進んでいるんだ

2021年は一つの驚きから始まった。

元旦の朝、自分で起きてきた洋介が、リビングに来るなり、「オメデト」と言ったからだ。新年を迎えたことを洋介が認識しているとは思いもよらなかった。昨夜は妻と一緒に『紅白歌合戦』を見ていたし、年越しそばも食べた。そんな毎年恒例のことを行ったので、明日は元旦だとわかったのだろうか。それにしても、元旦にはオハヨウではなくオメデトだということも知っていたわけだ。

そして、高校一年生の長女がお年玉をもらうのを見て、自分にはそれがないのがわかると、とたんに口をとがらせて不満の意を表明している。お金の役割についてはよくわかっていないようなので、妻が空のポチ袋を手渡すと、今度は袋を指でさすりながら「何も入ってない」と言わんばかりの顔だ。仕方なく、千円札を入れて渡すとようやく納得したようだった。このようなやり取りも、思えば、前年まではなかったことだ。

アラサーでも成長し続ける

現在、28歳の洋介だが、アラサーになった今も少しずつ成長している。半年前には、お店に入るのにマスクができなかったのだが、そのうち5分間程度は我慢して着けられるようになった。そこまでは、前にも書いた。

それから数か月たち、ふと気がつけば、スーパーなどのお店に入るときは、自分でポケットにしまい込んでいたマスクを取り出し、着けるようになっていた（いつのマスクかは不明だが）。それに、なんとかお店を出るまで我慢して着けていられるようにもなったのだ。

考えてみれば、自宅から脱走するときも、以前なら車道に飛び出して危ないことになっていたのに、最近はどうやら信号が青に変わってから横断歩道を渡っている。もちろん、一人で行動させると危ないのは変わりないが、洋介なりに前に進み続けているのは間違いない。好きな『クレヨンしんちゃん』などのＤＶＤを借りてくると、少し前までは、乱暴に扱って傷を付けそうになるので取り上げられていたのが、近頃は自分でていねいにケースから取り出してプレーヤーに入れ、再生ボタンを押して見ているときもある。

また、食べるのが大好きなので、妻が晩御飯を作っている横にずっと立っていて、材料を見ながら、「今日はポテトサラダだ」と自分で判断したら冷蔵庫からマヨネーズを出してくるなど、助手らしきこともやっている。

新幹線の席に落ち着いて5時間も

そうやって、成人してからの洋介の成長について考えていたら、5年前のことを思い出した。

北九州で一人暮らしをしていた僕の母親が要介護になり入院。寝たきりに近くなったのだが、3か月たって退院しなければならなくなった。僕の家族は千葉にいて、僕自身は大阪に単身赴任中。兄弟姉妹はいないから、北九州の介護施設では何もすることができず、思いきって、介護タクシーから新幹線の個室、また介護タクシーという移動手段で母を呼び寄せることにした。九州以外の場所に住んだことがない母が不安にならないように、家族全員で迎えに行き、同行した。もちろん洋介も一緒だ。連続約5時間も新幹線の席に座っているのは初めてで、どうなることかと思ったが、車内販売でアイスや弁当を買ったりして気分転換するうちに（久しぶりの新幹線には妻のほうが興奮気味だったが）、なんなく東京駅まで乗りきってしまった。

10代の頃は、飛行機で羽田―福岡間の2時間弱でさえ、何が起きるかハラハラ、緊張して過ごしたものだが、いつの間にこんなに落ち着いたのだろうか。

遠距離介護とダブルケアの頃

ちなみにこの時期、わが家では介護が必要な僕の母と、洋介との「ダブルケア」状態となっていた。父の死後、北九州の実家で10年以上一人暮らしをしていた母も、腰を悪くしたのをきっかけに転倒したり、高血圧がひどくなったりで入退院を繰り返すようになった。体が動かなくなると食べる量も減り、認知症の兆候も表れてきた。一人っ子だった僕は、週末になると大阪から実家へ向かった。金曜日の仕事終わりに最終の新幹線に乗って小倉まで。在来線で黒崎という駅までは行けるが、この時点で深夜1時なので、あとはタクシーとなる。帰るのは日曜の午後。常に自分のことは後回しでわがままなことは言わなかった母が、「まだ帰らないで」と言うようになったのが悲しかった。洋介のほうは妻の負担が大きくなっていたが、任せっきりというわけにいかないので、ひと月の週末のうち、2

〜3回は北九州へ、1回は千葉へ、というのが1年以上続いていた。

高齢化や晩婚化などもあって介護と育児の時期が重なり、ダブルケアに直面する家族も今は少なくないと思う。ヨミドクターでも、フリーライターの岡崎杏里《あんり》さんによる連載「認知症×発達障害　岡崎家のトリプルケア」が人気を集めている。こちらは発達障害の息子さんと認知症のお父さん、介護が必要なお母さんという3人のケアが重なった大変なケース。とても大変なことをユーモラスに語っているのが、余計に心を打つ好連載だが、残念ながらお母さんは2020年の暮れに亡くなっている。認知症の親と発達障害の子のダブルケアというパターンには、僕たちの取材の中でも出会ったことがある。

わが家の場合が少し違ったのは、片方が遠距離だったことだ。交通費や介護に必要なもの（ベッドや車いすなど）のために、出て行く一方だった金銭面でのプレッシャーもきつかったが、それよりも、自分の体力がいつまでもつのかという不安のほうが大きかった。そして、遠距離介護は「何があるかわからない」という心労もあった。

その頃、認知症の男性が亡くなった列車事故で、「遠距離介護の遺族」に鉄道会社が損害賠償を求めた訴訟の最高裁判決が示された（2016年3月）。判決は遺族に責任はないとして、請求を認めなかった。デスクとしてその判決に関する記事の編集作業をしていた最中、突然スマホが鳴った。母を担当するケアマネジャーからで、「自宅で転び、肋骨《ろっこつ》を折ったかもしれない。本人は入院しないと言い張っているから、早く来てほしい」と言う。作業にめどが立つと、後を同僚に頼み、僕はタクシーで新大阪駅へ急いで最終の新幹線に飛び乗ったのだった。また、あるときは、夜勤を終え、社からタクシーでマンションに帰宅した深夜1時過ぎにスマホが鳴った。母の入院先の看護師さんが「病室で転んで意識がなく、大きな病院に救急搬送されました。今すぐ来てください」と言う。もちろん不可能なので、申しわけなかったが、北九州市内に住むいとこを起こして、いとこの夫の運転で2人に駆けつけてもらい、僕は翌朝の始発の新幹線で向かったということもあった。急に駆けつけるときは、駅やコンビニで下着を買い込むので、やたらにシャツとパンツと靴下の数ばかりが増えていった。

自分なりに手を尽くしているつもりだったが、週末の当番で出社したり、洋介のいる千葉の自宅に行っていたりすることもあって、母の病院に行く間隔があいたときには、看護師さんに「あら、久しぶり」と嫌味を言われた。正直言ってこの頃は、洋介よりも母のことで精いっぱいだった。

頭をかすめる「介護離職」の4文字

疲労が限界に達していたある日、大阪の新聞紙面の作業をしているときに、突然、断続的に意識がなくなったことがあった。トイレの個室にこもって、しばらく休んでいたが、意識があっちに行ったり、戻って来たり、夢と現実が入り混じったような状態になった。席に戻ってからも、校閲などの担当者や東京からの連絡を受けるたびに我に返り、しばらくは作業するものの、また意識がなくなるというのを繰り返した。そして、気がついたら自分の指示で紙面を校了させていた。本来なら他のデスクに代わってもらうべき状況だったが、そんな判断も働かなかったのである。

校了後にあわてて紙面を点検したが、どこにもおかしな部分がなかったのも不思議だった。意識のあるときの判断は正確だったということだろう。周りの記者も、僕の状況に全く気づかなかったらしい。その後、気になって脳ドックを受診したところ、「年齢相応で問題なし。ただし、小さな脳こうそくの痕はある」ということだった。

遠距離介護とダブルケア。当事者には、介護離職を考える人も多いだろう。新聞記事を書くときには、離職のデメリットを挙げたり、そうならないために必要なことについて強調したりすることが多かった。しかし実際に自分が当事者になってみると、夜の新幹線の車窓を眺めながら「介護離職」の4文字は何度も頭に浮かんでは消えたのである。

他の子と比べると見失う

僕はそんな状態だったが、あまり会えなかった間にも洋介は洋介なりに成長していて、おばあちゃんが大変なときには、騒がず安定していてくれたのがなにより助かった。おかげで、北九州から千葉への大移動もスムーズにいったのだ。

幼稚園や小学校に通っている間は、他の子どもとの比較をしてしまっていた。どんどん進んでいく他の子を見ていると、洋介はまるで止まっているようだった。特別支援学校に入っても、おしゃべりができる子どもたちとの差は大きかった。卒業後、一般就職や就労支援へと進む仲間とは、はっきり分けられる形になった。そんなふうに他者のものさしで測っていたから、僕らは長い間、洋介なりの成長に気づかなかったのだろう。

ただ、成長するにつれて、いたずらも巧妙になっていくようだ。シャンプーや歯磨きを全部出す快感にとらわれていることは前にも触れた。最近も歯磨きを2本出してしまって上半身が真っ白になっていたが、僕らの知らない間にあらかじめ持ち出してポケットに隠しておく作戦をおぼえたのだ。悪さが見つかったときは、上のほうを指さして「あれは何だ？」みたいに、妻の気をそらすこともおぼえた。母と息子の戦いはまだまだ続くのである。

IV

共に育つ

「息子より一日だけ長く生きたい」と思ったこともあるけど……

2011年3月11日は、千葉県の北部でも震度6の揺れがあった。利根川や印旛沼《いんばぬま》に近い地域では塀や電柱が傾くなど大きな被害を受けていたが、わが家の周辺は壁にひびが入り、家財が散乱したくらいで、避難所を利用するような事態にはならなかった。

もし、避難を余儀なくされていたらどうだったろう。東北の被災地では、障害のある子どもがいる家族が、避難所にいられず車中泊で過ごしたことも報じられた。普段でも落ち着きなく動き回ったり、大きな声を出したりすることのある人が、見知らぬ人々でごった返す避難所のストレスにさらされたら、パニックを起こすこともあるだろう。密集した中では排泄の世話だって気が引ける。実際、震災時の避難所では、障害のある人が、「大声を上げるから」などと拒否されたり、自ら避難所生活を諦めたりするケースが少なくなかった。トラブルを避け、自分の車の中に居場所を求める気持ちは痛いほどわかる。わが家のことを考えても、洋介を伴っての避難所生活など想像もできなかったのが本当のところで、それは今も変わらない。

岩手や宮城の被災地で取材をする中で、地震が起きたその日、障害のある人と家族が地域の特別支援学校に身を寄せたケースがあった。子どもの頃に通ったなじみの場所で、障害に関する知識のある職員もいる。自閉症など発達障害のある人にとっても確かに安心だ。

青森・八戸市で発災直後に避難した視覚障害者たちの中には、避難所には指定されていない母校に向かった人もいた。「メンタルマップ（頭の中にある地図）がすでにできている母校にいるのが、とにかく安心だった」という。もちろん、そこには必要な設備も整っているだろう。

ただし、あらかじめ避難所に指定されていないと支援物資が届かない。宮城・石巻市では、地域の障害のある子どもと家族らが特別支援学校に集まり、給食用の米でしのぎながら支援を待った。「校長室にあったお茶菓子類も貴重な食料だった」と校長。市に要求して、ようやく水と食料の配布を受けたのは地震発生の5日後で、「物資を積んだトラックが目の前を通過して悲しかった」という声も聞いた。

その後、調べたところ、東北の沿岸被災地域で避難してきた人を受け入れた特別支援学校は半数を超える11校だったが、震災前に避難所指定を受けていたのは1校のみ。食料の備蓄があったのもその1校だけだった。震災から10年が経過し、あの経験は受け継がれているのだろうか。

小窓からママとパパを探し……

震災取材では、忘れられない経験がある。福島第一原発から約7キロの避難指示区域内にあった知的障害児・者施設8か所の入所者約300人が、避難指示範囲の拡大とともに移動を重ね、避難所や他の施設を転々とした末、千葉県が提供した鴨川市の宿泊施設に身を寄せることになったのだ。一か月近く続いた避難生活の間には、残念ながらてんかん発作が原因で死亡した人も出ていて、バスを降りた入所者のこわばって疲れきった顔から深刻な状況が伝わった。

重度知的障害の人が大半で、スタッフに引率され、それぞれの部屋に入った。60代以上と思われる高齢の人もいた。スタッフは荷物の整理に忙殺され、入所者たちは暗い部屋の二段ベッドにそれぞれ腰かけて、呆然《ぼうぜん》と宙を見つめていた。

騒然として落ち着かない空気の中、狭い廊下の突き当たりにある小窓から、一人でずっと外を見ている男性を見つけた。小柄で、頭髪はすでに白く、70歳近くに見えた。なにげないふりをして近づくと、小さな声が聞こえた。

「ママ、パパ……」

それを聞いたとたん、僕はぎゅっと胸を締めつけられた。予期せぬ災害と事故によって故郷から遠く離され、彼が探しているママとパパはまだ健在なのだろうか。生きていたとしても、この災害で無事だったのだろうか。

数十年後、僕も妻もいなくなった世界で、洋介もママとパパを探すのだろうか……。

子どもは親より先まで生きていく

「私の夢は、息子より1日だけ長く生きること」

走るのが得意な自閉症の青年を描いた2005年の韓国映画『マラソン』で、母親がつぶやいたセリフだ。僕がこの映画を見たとき、洋介はまだ中学生だったろうか。この母親の言葉はまさしく、僕自身が思っていたことだった。息子より先に逝くことを想像するたび、恐怖を感じていたのだ。

最近は積み木遊びが復活

が、被災地を逃れた地で、小窓からママとパパを探していた男性に出会い、それから僕の中で何かが変わったのだった。

これが現実なんだ。子どもは親より先まで生きていく。重い障害があっても、高齢期を迎えることができるなら、それは親のものでも誰のものでもない、洋介の人生だ。

生きる力を遺すこと

障害のある社員が多く働く人材派遣大手の子会社が東京にある。芸術活動を仕事とする「アーティスト社員」もいて、僕は何度か訪問しているが、あるとき色彩鮮やかな七福神の絵を描く当時20代の男性に出会った。

２００８年に入社して以降、初めは手工芸品の縫製作業などを担当していた男性だが、仕事終わりに、きまってピカチュウの絵を描いていたのが、指導する先生の目に留まった。そして、アーティスト社員に抜擢されると腕を上げ、七福神にこだわった作品を買い求めるお客さんもついた。そんな彼について職場の仲間が後に知ったのは、いつも持ち歩いているピカチュウの古い下敷きが、20年ほど前に父親に買ってもらったものだということだ。しかし、彼が大好きだった父親は数年前に他界していた。絵の先生は、「お父さんの思い出であり、お守りでもあったんでしょう」と言った。

まだ若い息子を残して逝った父親は、さぞ無念だったろう。だが今、息子が絵によって自己表現し、収入さえ得ているのは、この父親がわが子に生きる力を遺《のこ》したということに違いない。難しいが、親の責任とはそういうことだと思う。

「パパはもう要らない」となるまでは

親亡き後の体制を整えるのも親の務めだが、それも容易ではない。僕らの住んでいる地域でも、グループホームの待機をする登録者は100人を下らないそうだ。将来が不安な状況にあることは確かだが、洋介の周りには、地域の小学校に通った6年の間にできた多くの仲間や先生、通所施設やショートステイの職員、ボランティアのおじさん、おばさんなど、少しずつだが見守ってくれる人たちが大勢いる。今では、昼間は東京の会社に行っている僕なんかよりもずっと、地元で顔が利く存在なのだ。「洋ちゃんのお父さんですよね」と、街で声をかけられることも多い。

妻に聞くと、とりわけ近所のママ友にはお世話になったそうだ。わが家は次男も意外に病院と縁があって、1997年のニュータウンの街開き後、初めて街に救急車を呼んだのは彼であった（ひきつけだった）。さらに頭にけがをしてもう一度呼んでいる。盲腸で入院したこともあり、次男と病院に行くたびに洋介を長時間預かってくれたのがママ友たちだった。障害の特性から、普通であれば接するのが難しい洋介だが、3歳からずっと身近で見てきた関係があるからこそだろう。

与えられた環境で、洋介自身は着々と自分の人生を築いているのだ。その力を信じて、「パパはもう要らない」となるまでは……。

弟が兄を追い越してしまうのが怖かった頃…次男と僕のフクザツな話

長男の洋介と次男とは2歳違い。洋介が3歳で医師から自閉症だと告げられたとき、次男はちょうど初めての誕生日を迎えた頃だった。保健所の広い部屋で精神科医の話を聞く間、次男は妻に抱っこされてむずかっていたのだが、それを見た医師に、

「今に、この子が追い越してしまいますよ」

と言われたことは書いた。

医師としては、わが子の問題に対し、あまりに感度が鈍い両親の目を覚まさせようとした一言だったのかもしれない。しかし、僕らにとっては、とても残酷な言葉だった。

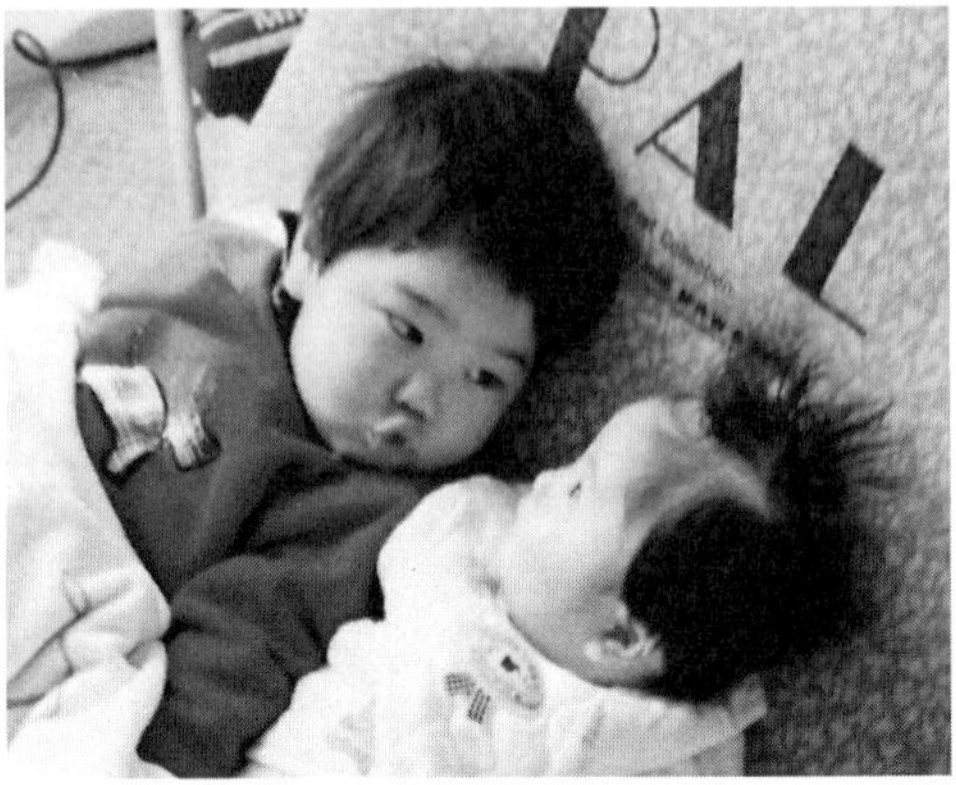

頼れるお兄ちゃんだった頃

永遠に来てほしくなかった「その日」

透明な壁に阻まれるかのように、言葉の発達が止まってしまった洋介。それに比べ、次男の成長は順調だった。洋介のときは、寝返りをうつのも、ハイハイするのも、親がありとあらゆる手を使って助けなければならなかった（結局、ハイハイはできなかった）。それが、次男に関しては、いつできるようになったのか記憶にないくらい、苦労することがなかった。

今振り返れば、医師の言葉の通りになるのは時間の問題だった。しかし、まだ洋介の障害について受け入れられていなかった僕は、その日が永遠に来てほしくないとも思っていた。それは現実を認めざるをえなくなることだったからだ。

そして、次男がすくすくと成長していくのを見て、うれしく思う反面、どこかで恐怖心を抱くようになってしまっていた。同じおもちゃで遊んでいる3歳の洋介と1歳の次男を眺め、あるとき「2人とも、このまま大きくならなければいいのに……」と考えている自分に気づいた。親が子の成長を手放しで喜べないというのは、実に苦しく情けないことだった。今振り返ると、「この子が追い越してしまいますよ」という医師の言葉に、長い間、心を縛りつけられていたのだ。

手をつなごうとしたら……

なんとなく二人の立場が逆転したのは、ともに同じ幼稚園に通っていた頃だろうか。しばらく前までは、スーパーなどで次男が迷子にならないよう、洋介に手をつながせていた。それが幼稚園では、〝失踪〟した洋介を先生たちが焦って探しているところへ、次男が兄の手を引いて現れたこともあったそうだ。

思えば、自分が一番保護されなければいけない、甘えて当然な時期。親は洋介の発達の問題に気を取られ、次男もそれに振り回されっぱなしだったように思う。放っておけばどこへ行くかわからない洋介の手を常に握りしめ、次男はいつも一人で、はぐれないよう、ちょこちょこ後ろをついてきた。

そんなある日のこと。洋介がたまたま別行動だったため、僕と次男とでショッピングセンターのおもちゃ売り場へ向かっていたとき、まだ幼稚園だった次男と手をつなごうとした。すると彼は、一瞬だが、ビクッとして僕を見上げたのだった。そんなにこれまで手をつないでいなかったのか……。小さい子がどんなに我慢していたのかと、胸が痛くなった。

深い影響を受けているのは次男のほう

自閉症の兄とともに育った次男こそ、僕ら両親よりむしろ、自分が置かれた環境に深く影響されてきたのだと思う。

障害のある人のきょうだいが、成長するにつれて様々な葛藤を抱えることは、よく指摘される。「全国障害者とともに歩む兄弟姉妹の会」が作った冊子には、きょうだいのことで友だちにからかわれても親には言えなかったり、自分のものをきょうだいに壊されても自分の不注意をとがめられたり、誕生日に友だちを家に呼べなかったりという〝きょうだいあるある〟が描かれていて、「いつも自分は我慢してきた」「親に甘えられなかった」といった思いを大人になっても引きずる場合があるようだ。また、将来に関しても、「親なき後、自分が面倒を見なければいけない」というプレッシャーや、「障害のあるきょうだいがいるために、結婚が難しくなる」という不安を感じているケースもある。

洋介のことで、友だちにからかわれたり、いじめられたりといったことは、次男の口から一度も聞いたことがない。兄に知的障害があったという若い女性に話を聞くと、「ありますよ。あっても言えないんです。心配かけるから」ということだった。この女性の場合は、中学から高校の頃には、将来、自分が兄の面倒を見るのだろう、と考えていたそうだ。「親は先に亡くなるけど、きょうだいは一生伴走するんです」とも。

学校の同級生に同様な立場の子がいることは少なく、こうした思いを話す相手は身近にはなかなかいない。そのため、洋介が通っている福祉事業所でも、保護者から「きょうだいが集い、支え合える場を」という要望が上がっているところだ。ただ、そういった場を設けることが、きょうだいに頼り、きょうだいを縛るものにならなければいいが……とも思う。やはり、障害のある人の人生を最後まで支える公助の仕組みが整っていることが大前提だと思うのだ。

これからは自分の人生を

両親と兄の状況を見て育ち、手のかからない「いい子」だった次男だが、小学生になって、妻にこう言ったという。

「僕は、洋介をゴミ箱に捨ててこようと思ったことがある」

それを聞いたとき、僕は「よく言った！」と心底思った。それでいい。だって、これまで、一度も捨ててはこなかったのだから。

周りが想像できない悩みや葛藤を抱えて育ったかもしれない次男は、進学と同時に一人暮らしを始めた。実家から通えなくもなかったが、次男には自由に自分の人生を歩いてほしいから、僕が提案した。妻は寂しかったと思う。しばらくするとアルバイトも始め、勤め先の書店では、障害のあるお客さんが来ると、なぜか自然と対応を任されるようになったそうだ。

10年間、障害のある兄のことを誰にも話せなかった…Oさんの物語

僕が次男に対して抱いている思いについて、「親ってそういうふうに思ってるんですね」と言ったのは、茨城出身、今は東京で企業の広報の仕事をしているOさんという女性だ（先にもちょっとだけ登場した）。28歳。3歳上に中度知的障害のある兄がいた。

「いた」というのは、残念なことに4年前、お兄さんは突然、致死性不整脈でこの世を去ったのだ。入居していたグループホームから自宅に帰って来ていた日、いつものように長い時間トイレにこもっていたが、あまりに長いため母親が声をかけたところ返事がなかったという。享年27歳、それまで健康上、気になることはとくになかったという。今の洋介と同年代なので、とても他人事に思えない。そして、少し長くなるが、ここからは彼女の物語について話してみたい。

「お兄ちゃん、障害があるの？」と聞かれ、口を閉ざした

２人兄妹。幼い頃はポケモンが好きで、歴史上の出来事を年号とともにいっぱい暗記していて、少し変な行動もするけど面白いお兄ちゃん。妹には優しかった。２人で塾に行くとじっとしていられないので、「大丈夫かな」と妹ながら心配だった記憶はあるというが、兄の障害を意識することなく育った。しかし、小学3年生のある日、現実に直面する。

「男の子の友だちが、『お兄ちゃん、障害があるの？』と聞いてきたんです。子どもながらにマイナスのイメージで言われた気がして、母に聞くと、『お兄ちゃん、がんばっているんだから、そんなこと言わないの！』って……」

その日から彼女は、兄の障害について誰にも話さなくなった。その頑なさを感じてか、周囲も兄のことには触れなくなった。同じ中学校の卒業生である兄を知っている先生が、悪気もなく「お兄ちゃん元気？」と聞いてくるのが、たまらなく嫌だった。そんな時期が10年ほど続いたという。

「言われないように、言わせないように、勉強もスポーツも頑張る。そして、常に明るくふるまっていましたね」

それでも、兄のことで何か言われたり、嫌なことを経験したりしたが、親には言わなかった。心配かけたくなかったからだが、親が兄を守ることで精いっぱいで、自分については「大丈夫だろう」と思われているのは寂しかった。前へ上へと自らを励ましながら、その一方で、心は空虚なままなのも感じていた。

私は嫁げるのだろうか…

兄が、小学校の高学年からいじめられていたことは知っていた。先輩から嫌がらせを受け、ノートにたくさん落書きをされているのも見た。その中には、障害のある人に対する差別的な言葉もあった。兄自身もその意味を知っていて、痛みを感じていたに違いない。

将来のことを考えるようになったのは、早くも中学生の頃だった。父も母も先に逝ってしまうだろうが、兄と自分はともに生きていくことになる。兄の人生も、自分の人生も安心して送るには、まずお金が必要だ……と。それだけではない。

「好きな人ができたら、兄のことをどう話せばいいのだろう。結婚するとき、相手の親は理解してくれるだろうか。そもそも、両親と兄を残して私は嫁げるのだろうか……って考えてました」

その時期は、「誰かに『大丈夫だよ！』と言ってほしい」と願っていたという。

成人式の記念写真は家族全員で

高校はバレーボールの強豪校に進み、早朝から遅くまで練習、休日は遠征に出る毎日で、家の中には関心が向かなかった。しかし部活を引退して、ふと気がつくと、高校を出てからの兄は仕事がうまくいかず、もう3年間も家にこもって昼夜が逆転していた。自分は「海外に行きたい」「大学に行きたい」と夢を抱いていたけれど、兄の人生はどうなるのか。このとき「自分はこの状況を解決しなければいけない」と思ったという。

公園に親友を呼び出した。心の内を聞いてほしいと思ったが、何も言うことができない。30分も黙っていたら親友が、

「なんの話か想像はつくけど、自分の口から言えるまで待ってるよ」

と言ってくれた。10年に及ぶ呪縛が解けた瞬間だった。

その後は、自分が主導して、兄の生活基盤を整えていった。親は、兄が高校生くらいまでは障害を認められない気持ちもあったようで、「〝普通〟になってほしい」と思っているふしがあった。公的な障害者向けサービスもほぼ利用せず、「自分たちで守ろう」と兄を

抱え込んでいたが、そうした中でも父と兄の関係はこじれて、兄が暴れることもあり、「このままでは、私の成人式の日に家族全員で記念写真を撮ることもできない」と思った。そこで彼女は、兄が療育手帳を取得し、障害者支援の事業所に通う手続きをするのを手助けした。

最終的には、知人に紹介してもらった横浜市のグループホームに入居することになった。兄自身が希望したことでもあった。自立した兄は、見違えるように明るくなった。仲間の中では自分の役割もでき、自信を取り戻したようだった。兄の最後の5年間は、幸せだったと思う。そして、家族全員がそろった成人式の記念写真も撮ることができた。

親子だから話せないこと、聞けないことがある

障害のある子どものきょうだいが抱える葛藤は、実の親であっても理解しにくい。いや、親だからこそ、きょうだいの胸の内には触れにくいのかもしれない。心配をかけたくないから口を閉ざすのも一面だし、障害のある子どもにかかりっきりの親に対する複雑な思いもあるだろう。彼らが、成育過程の様々なステージで何を考え、感じているのか。わが家で言えば、とりわけ洋介と2歳差で育った次男なのだが、恥ずかしいことに、僕にはいま

だ計り知れないのである。かと言って、同じ学校や施設に通う子どものきょうだいに、そんな質問をすることもできない。こうした悩み持つ親は、僕だけではないと思うのだ、たぶん。

僕にとって、Oさんと出会ったのは幸運だった。人が人の話を聞き、そして自ら話すには、適度な距離も必要なのだろう。そして、彼女のストーリーにこだわってここに紹介したのも、他の障害のある子を持つ親たちと共有したかったからだ。

「あとは、自分の人生を生きなさい」

たった一人の兄を突然失った彼女は、一時は「もっと、してあげられたことがあったのでは……」と考え、涙が止まらなかったという。が、信頼する知人から、

「あなたは妹としてよくやったよ。あとは、自分の人生を生きなさい」

という言葉をかけられ、肩の荷が下りたのだという。

ここで初めて明かすが、Oさんの名前は岡田麻未さんという。女性向けのライフキャリア支援を手がける企業の広報を担当する傍ら、障害のある人のきょうだいをサポートする任意団体「うぇるしぶ」を立ち上げた。ホームページには、こう書かれている。

「障害のある家族のことを話すと周りが気を遣うから話したくない」「ばかにされるから言いたくない」「障害のある兄弟がいるから自分は家族をサポートしなければいけない」「家族の近くにいなくてはいけない」「結婚した時、配偶者を介護に巻き込むことになるかもしれない」「障害が遺伝するかもしれない」

「きょうだいさん」達は、幼い頃から知らず知らずのうちにそんな思いを抱いて育っています。

周りの大人や社会が作る考え方や雰囲気は障害者本人だけでなく「きょうだいさん」たちの人生に大きな影響を与えています。

私たちは、「きょうだいさん」が「兄弟のために、家族のために自分が何をしなければいけないのか」ではなく、「自分自身が何をしたいのか、将来をどう生きたいのか」を自由に考えられるような世界を目指しています。

お仕着せのものではなく、若い世代の「きょうだいさん」たちが、何も構えずに集って話せる場所、そして、彼らが希望を持ち、岡田さんの言葉を借りれば「ワクワク」を持って未来を描けるための情報やライフプランニングを提供できる場所となることを目指している。

苦節10年 やっと背中に触れた!…愛犬がくれた「奇跡より大きなもの」

犬を飼い始めたとき、洋介は4歳だった。動物とかかわることで刺激になったり、リラックスできたりと、言葉や対人関係の発達に良い影響があるのではないか。そんな期待もあった。

1998年の春、わが家の一員となったのは、両手の上に乗るくらい小さなウェルシュ・コーギーで、耳はまだ垂れていた。初日からおなか丸出しで豪快に寝ていた。女の子だったので「もも」と名付けた。

保護者のように

大喜びで、すぐに仲良しになったのは次男のほうだった。洋介は警戒して、なかなか触ることができなかった。興味はあるのだが、手を出しては引っ込める、の繰り返し。

洋介93年、次男95年、ももは97年生まれだったが、犬は生後1年で、人の「18歳」程度まで成長するというから、あっという間に立場は逆転した。散歩に行っても、子どもがちょっとでも離れると、ももが追いかける。とくに厳しくマークしていたのは洋介で、突然走り出そうものなら、激しく追走し、靴のかかとをかんで止めようとした。二人がてんでに離れていったときの慌てぶりは大変なもの。まるで、自分が保護者だと思っているようで、いつもハラハラ、大忙しなのだった(なにかの習性だろうか?)。妻に「あんたの散歩なんだから、好きに歩いていいのよ」などと慰められていたくらいである。

しかし、洋介のほうは、何年たっても、ももに触れずにいた。

スポンジのように

僕ら夫婦にとっても、今思えば、ももの存在は大きかった。通常とは少し違う子育ての不安やストレスが家の中に充満してしまったときも、そこに夫婦以外の存在がいてくれるだけで、感情が正面からぶつかることがなかった。それに、ちょっと手がかかる兄のために、とかく後回しにされがちだった次男にとっても、ももは大切な存在だったようだ。寂しくなると抱きついたり、そのまま並んで眠っていたり……。家族の心からどうしようもなくあふれてくるものを、スポンジのように吸い取ってくれたのだった。

しかし、ウェルシュ・コーギーの寿命は十数年。かかりつけの獣医さんが「15歳のコーギーはあまり見たことがない」と言ったとおり、14歳になるとうまく歩けなくなった。尿が出なくなり、動物病院に入院した。数日後、「もうだいぶ悪いので……」と連絡があって動物病院を訪ねると、ももはケージの隅にうずくまっていたが、僕らの姿を見た瞬間にガバッと立ち上がり、こちらへ歩いてきた。「ももちゃんすごい！　立てる状態じゃないのに」と獣医さんが驚いた。

自宅へ連れ帰った後は、点滴をつけたまま、いつも寝そべっていた窓際の位置で荒い息をしていた。

そして3日目の朝、僕の携帯電話が激しく振動したので、寝床を抜け出して画面を見たが、着信はなかった。もものところに行ってみると、まだ

洋介とは11歳離れた長女。思えば、この犬にはずっと助けられた

温かかったが、息をしていなかった。耳をピンと立てて、誰かを探すようなふうに見えた。着信の形跡がないのに携帯が鳴ったのは事実だけれど、なにか不思議なことが起きたとは思っていないし、さして重要なことでもない。

「ささやかな奇跡」を期待

ももがわが家に来て間もない頃、僕は、神奈川のある老人施設を取材したことがある。アニマルセラピーという言葉が聞かれるようになった時期で、週刊誌のグラビアページで取り上げたのだ。

東京の獣医さんを中心としたグループが犬たちを連れ、定期的に施設を訪問するのだが、当然ながら、動物が好きな高齢者もいれば、嫌いな高齢者もいる。若い頃に犬を飼っていた人や、飼いたいと思っても叶わなかった人は、とてもいい表情をしていた。その中で、一人の女性が中型犬の背中を触っていたところ、職員らがたいへん驚いた。

「全く動かなかったほうの手が、動いています！」

ほんのわずかな動きだったが、「小さな奇跡も起きる」と記事に書いた。

そんなささやかな恵みを洋介にも……と思わなくもなかった。自閉症児の療育に効果があると言われていたホースセラピーをしている団体を訪ねたこともあった。しかし、そんなことより、３人の子どもたちの育ちに、それぞれに必要な形で寄り添ってくれたのが、うちのももであった。

ようやく触れるようになった洋介

10年かかったけれど

ところで、洋介がももに触れるようになったのは、もう特別支援学校の高等部に行っている頃だったから、10年はかかったことになる。正面からは怖いので、横から近づいて、背中をそっと触ったり、引っ込めたり。もうおばあちゃんになったももは、ちらっと見るだけだった。

10年かけて犬との関係を築いた洋介だったが、つい先日、テレビを指さして「イヌ！イヌ！」と言うので、家族みんなが振り返って見たら、それは猫だった。洋介にとって、14年を一緒に過ごしたのは、犬でも猫でもない、なにか特別な存在だったのかもしれない。

わが家の最後の大物 扇の要に座る長女の話

脱走、自傷、排泄の失敗などなど、僕らが洋介に最も振り回されていた時期に、突如としてわが家に現れたのが末っ子でもある長女だ。彼女にとっては、物心ついた頃にはすでにいた、よそんちのお兄ちゃんとはずいぶん違う洋介の存在は、どういった位置づけになっているのだろうか……と考えることもある。

「これ、お兄ちゃん」と自慢げに

長女が幼稚園から小学校の頃に印象的だったのは、家の中が洋介のツバ飛ばしや壁紙はぎでどんなにボロボロになっていても全く気にならないようで、友だちの女の子を連れてきては、「これ、お兄ちゃん」と自慢げに洋介を紹介していたことだ。招かれた友だちはどう思ったかわからないが、お兄ちゃんが少しばかり汚れていようと、おしゃべりできずに変わった声を出して歩き回っていようと、意に介していない大物ぶりがすごかった。思春期になってからは、さすがに友だちを家に呼ぶことは少なくなったが、それでも信頼できる何人かの女友だちは来ていたようだ。

あるとき、長女と妻、洋介で電車に乗っていたとき、向かい側の席にちょっとたちの悪そうな数人の若者が座っていて、洋介のしぐさや出す声がおかしかったのか、真似をしてふざけていたらしく、家に帰って一番、憤っていたのが長女だった。ただ、その怒りも、後日、学校の課題として出た作文にぶつけたようで、ちゃっかりコンクールに入選。洋介を題材にして何度かは書けたようで、その点では結構、得もしているのだった。

洋介にしっかり頼っている末っ子

障害のある3歳上の兄がいた前出の岡田麻未さんの考えでは、「きょうだいが異性か同性か、年上か年下か、年が近いか離れているか、それと親の考え方によって、障害のある子のきょうだいが受ける影響は違ってくるのでは?」ということだった。確かに、それはありそうだ。2歳差で育った次男の場合は、お兄ちゃんに手がかかることで、甘えられない、自分は我慢するということがあったようだが、11歳も離れた長女にとっては、それより少し距離を置いた家族として素直な気持ちで向き合うことができたのかもしれない。

また、洋介と独特なかかわり方をしてきたのも、この長女である。元来、臆病で引っ込み思案の性格で、小学校までは、本やおもちゃのお店に入っても一人では見たい売り場に行くことさえできず、べそをかきそうになっていた。今でもその姿が目に浮かぶが、そんなとき頼りになったのが洋介だった。手を引っ張ったり、シャツの裾をつまんだりして、〝保護者〟として同行してもらうのだ。文句も言わずついてくる洋介は何かしてくれるわけでもないが十分に心強かったようで、長女にとって洋介はちゃんとお兄ちゃんだったのである。

洋介のほうも、昔のアルバムなどをおもちゃにして最後はビリビリにしてしまうのだけれど、お気に入りは妹の赤ちゃんの頃や幼稚園の頃の写真。「〇〇〇ちゃん！」と言いながら、ソファに寝そべって毎日眺めている。

「兄の旅立ち」と勘違いして

この長女について、つい先日、おもしろいことがあった。

洋介に部屋をツバで汚したり、壁紙をはがしたりするこだわりがなくなり、ようやくリビングのリフォームができたことは書いたが、第二段階として、やはり洋介が壁紙をビリビリにしたままの廊下と、長年の排泄の失敗がしみついた洋介自身の部屋をきれいにしようと相談していた。

洋介の部屋にある汚れた机。これは小学校に入ったときに購入した大きくて立派なものだが、結局、本来の目的では一度も使うことがなかった。それと洋服ダンス。妻の「嫁入り道具」も洋介の部屋に置かれたせいで散々な状態になっている。これらの大物を運び出すことから始めなければ、と話していたところ、長女の顔色がみるみる青くなっていった。どうやら、グループホームか施設への入居が決まって、ついに洋介が旅立つときがきたのだと勘違いし、ドキドキしていたようなのだ。リフォームだと聞いて、血の気が戻ってきた長女は、「旅立つのはまだ早すぎる！」と怒って訴えるのだった。

思えば、思春期だった次男が叱られて「出て行きなさい！」なんてことになったときも、本気にして、ひときわ大きな声で「ダメー！」と言いながらビービー泣いていたのが長女だった。家族の中で最後に登場し、要の位置にどっかりと座っているのがこの末っ子なのかもしれない。

僕らが死んだ後の洋介のことを話していると、「私が面倒を見る！」と言いきったこともある。だけど、それにはうんちの片づけだってできないとね。だからとりあえず、気持ちだけ受け取っておこう。

この子にしてこの母親あり…
妻のこと

洋介が生まれたとき、僕は26歳、妻は25歳だった。初めての子どもで、わからないことだらけだったが、その「わからないこと」のうち半分ほどは洋介の自閉症にかかわることだったわけで、今でも解消していない。

妻は東京生まれ東京育ちで、渋谷に近い都立高から、当時は多摩地区にあった私立女子大に進んだが、どういうわけか似合わない登山のサークルに入ったために、高校から山岳部だった僕と出会ったのだった。本来は同学年。妻は現役、僕は一浪だったので、妻のほうが先輩である。初めて一緒に登ったのが北アルプスの奥穂高岳で、10人のパーティーが一週間ほどを過ごす食料の多くは僕ら1年生が担いで上がったのだが、妻から持ってくるように指示されたエノキダケを見て、「野菜は洗って来いと言われたけど、エノキは洗うのか?」と迷いに迷った末に洗っていったところ、出してみると真っ黒に変色していた。同じ1年生のY君はY君で、妻が最も楽しみにしていたリンゴを忘れてきたために、二人して、上高地の河畔でおおいに叱られたというのが第一印象みたいなものだ。ところが、妻は妻で一食分の献立を作るのを忘れていて、奥穂高岳の山頂直下にある穂高岳山荘では他のパーティーにお米のおすそ分けをお願いする事態となり、つまりはお互いにどこか抜けている似たもの同士だったのである。

陣痛が始まってから24時間

僕が読売新聞社に入って初任地の長野に行った頃から結婚の話が進み、新婚生活は松本市で……と考えていたが、直前になって僕が、東京から見るとさらに遠い南信地区の飯田市に転勤となった。東京・世田谷にしか住んだことがない妻にしてみれば、特急列車一本で行けてデパートもある松本でもなく、JRなら岡谷で単線に乗り継いで何時間もかかる飯田の町というのは予想外だっただろう。そして、この町で洋介を生んで、一般的とは言えない自閉症の子育てが始まることとも。

予定日から2週間も遅れ、陣痛が始まってからも24時間かかった出産は、大きな病気をしたことも入院したこともなかった妻にとって、人生最大の出来事だったに違いない。痛みの中で、気が遠くなるような時間だったろうが、終始付き添うことができた僕にとっても忘れられない時間だった。産後、その夜だったか、翌日だったか、夜空一杯に天竜川の花火が広がったのをおぼえている。

ただ、この「赤ちゃんは、なかなか生まれない」という経験が僕の出産のイメージとして強く定着してしまったために、次男のときは、まだまだ先だろうと思い込んで、当時所属していた『週刊読売』編集部の仲間と中華料理店で食べ終わってウーロン茶を飲んでいたら、その時間に生まれてしまったし、長女に至っては、妻を産婦人科に送った後、いったん帰宅し、犬をお風呂で洗ってから出直そうとしたら、早くも洗っている時間に生まれてしまった。そういうことを妻はけっして忘れないようで、今でも何かあるたびに、「私が苦しんでいるときにウーロン茶を飲んでいた」とか、「あなたが生まれたとき、パパは犬を洗ってたのよ!」とか言われるので（たぶん一生言われる）、これから出産に臨む若いお父さんがいたら、「けっして油断しないように」とアドバイスしたい。

永遠に一段落しない子育てが

洋介が18歳くらいのとき、新聞社を辞めて医師になった先輩と再会したことがあった。障害のある子の医療にもかかわっている人だった。洋介の話をすると、「そう。ご両親、これまでよく頑張りましたね」とねぎらいの言葉をいただいた。子育てに関してねぎらわれたのはこのときが初めてで、意外だった。「18年」というのはそういう評価をされる年月だったようで、「そうなのか、頑張ってきたのか……」と振り返ったのも初めてだった。

その先輩の言葉は、診療の中で障害のある子の親たちを見てきた経験から出たのだろうが、実際、その8割は妻に向けられるべきものだった。幼い子の子育てをしていれば、近所で公園で幼稚園で、他の子がどんどんお話ができるようになっていく。それを横目に、極端な偏食やおしっことうんちの失敗、街中でパニックを起こしてジタバタする洋介と日々取っ組み合ってきたのは妻であった。

幼稚園を移らなければいけなかったとき、スイミングスクールや理容店に相次いで断られたとき、小学校の特別学級を抜け出して行方不明になったとき、いずれもまず事態に直面したのは妻だった。こうして文章にしているのは僕だけれど、半分以上は妻の著作だと言って全く過言ではないのである。保険会社に3年勤め、とはいえキャリア志向とは言えなかった妻だが、通常なら、子育てが一段落すればまた仕事を始めることだってあったはず。しかし現実は、なにしろ永遠に一段落しない子育てが今も続いている。それをどう考えているのだろうか。

よく、「子どもが親を選んで生まれてくる」なんていう言葉を聞くけれど、妻を見ていると「案外、そうなのかもしれないな」と思うこともある。僕の母親が生きているとき、親戚のおばさんと洋介の話になり、

「この先のことを考えると、私なんかは深刻に考え込んでしまうけれど、ママ（妻のこと）は、困ったり悩んだりしても、次の瞬間にはふっと他のことに関心が向くようで、明るい顔になるからこっちが助かるのよ」

と言っていた。洋介の多動が最も激しかった小学校の頃、常に壁や天井にツバを飛ばしながら一日中せわしなく歩き回る息子へのイライラが頂点に達して、「誰か麻酔銃持ってきて！」と叫んだのには驚いたが、翌朝にはケロッとしているのがこの人のいいところである。苦労は受け止められる人のところに来るのだとはけっして思わないけれど、わが家がずっと持ちこたえてきたのは、妻の生来の性質によるところが大きいのだろう。おそらくそれが洋介を、自閉症のこだわりがありながらも、不思議と穏やかな性格に育てたのだと思う。

洋介が取り戻してくれた僕の人生

ここまでわりと客観的に長男・洋介のことを書いてきたが、本当は僕自身、洋介という存在に大きく影響されてきた。20代半ば以降は、新聞記者・雑誌編集者として仕事に直結するような経済や社会問題にかかわる本、小説なら流行りものばかりを読んでいた。この読書傾向が、若い日の僕の世界だった。特ダネを書く、週刊誌がたくさん売れる……などと、仕事で達成することが重要で、それだけで満足だったのである。

ところが、洋介の障害がわかってからは、何かが少しずつ変わってきた、と言うより、何かを取り戻してきたのだった。効率や力関係のものさしでは、どこをいくら測っても、洋介の内面に入っていき理解することはできなかったし、20代の自分が目を向けて来なかった世界がそこにあった。そして30歳になった頃、僕が手に取ったのは長田弘や田村隆一などの詩集だった。そして、いつしか自分でも書き始め、今はもうない詩誌『詩学』への投稿を経て、この25年ほどの間に5冊の詩集（筆名・船田崇）を出版してきた。「取り戻した」と言ったのは、僕はなぜか小学生のときから何かを書くといつの間にか詩の形になってしまったし、気がつくとノートに小さな作品が書かれていたり、卒業文集にも一人だけ詩を書いていたりする変わり者だったからだ。なので、20代の10年間が空白だったのである。

語り合える世界を

詩人が詩を書くとき、そこに「私」が存在してはいけないと僕は考えているのだが、その一方で現実に書いたものを読み返してみると、僕はきわめて私的な「洋介と語り合える世界」を探していたようにも思えてくる。

ペンキ屋

空に青と白しか

なかった頃の話である
ペンキ屋は名人だったが
彼が使うのは青だけだった
梯子を高々と空に立て掛け
日暮れまで仕事をする彼を
誰もが度々目にしていた

なぜなら
完璧に張りつめた青空には
所々に裂け目が出来てしまうからだ
この世の裂け目は
誰にも見つからないうちに
ペンキで塗り固める
それが村のペンキ屋の使命だと
先代から言い聞かせられて

彼は育ったのだ

ところが
その年は異常気象で
雲一つ現れなかったから
例年になく空に裂け目が多発していた
裂け目が広がると
何処かで誰かが行方不明になってしまうから
ペンキ屋は大忙し
だが青ペンキが尽きれば終わりだ
助手の土竜は村じゅうの倉庫を探したが
やっと見つけて手渡したのは
赤ペンキだった
そもそも闇でしか行動しない土竜は
青がどれだかわからなかったのだ

そしてペンキ屋が
渡された赤を空に塗った途端
裂け目は真っ赤に広がって
村は夕空に包まれた
初めて見た夕焼けはあまりに美しかったので
村民たちは悲しくなった
悲しみを知ると
ひとりひとりと裂け目から
向こう側の世界へ出て行ったのだ

それ以来ペンキ屋は
あらゆる色を駆使するようになった
そして村民の姿だけを描き続けている
遠くへ行こうと企む村民に頼まれて

そっくりな絵を空に描いてやると
絵は村民の身代わりとなって
家へと帰っていくのだ

＊船田崇　第4詩集『鳥籠の木』（書肆侃侃房）より

「死ぬまでに一度でいいから洋介と話がしてみたい」ということを前にも書いた。大阪で仕事をしていた頃、関西の高名な詩人と、共通の知人のセッティングにより夕食をともにすることができたのだが、そのときにこの話をして即座に後悔した。詩人は重い障害のある子を亡くしていて、その経験を凄絶な詩に残していたのだ（妻がこの詩を読んで涙が止まらなくなったのを思い出す）。話ができないことになんの問題があるのか……無反応な横顔がそう言っているように思えた。僕は自分の配慮のなさを恥じたが、それだけではない。話ができるからといって、人と人がわかり合えるわけじゃない。だから詩を書き続けているのではないか。障害のある子の家族かそうでないかは関係なく、人は自問自答を繰り返す存在なのである。

背後から現れた獅子舞の顔にびっくり！ 寅さんゆかりの店で大騒ぎ

お正月は3日になっても、柴又帝釈天《しばまたたいしゃくてん》の参道は人であふれている……というのが例年の風景だが、コロナ禍の新年はどうだろうか。北九州の祖父母が生きていた頃はほぼ毎年帰省していたのだが、ここ数年は地元で年末年始を過ごしている。比較的近い帝釈天で初詣をするのが通例となりつつある。

その年、帝釈天の境内には懐かしい「猿回し」も来ていて、洋介も興味津々だった。これまでは福岡・直方駅近くにある神社に参るのが習いだったが、そこでも毎年猿回しを見ていたので、「猿はつながれていて、自分のところには来ない」と知っていて余裕なのだ。

お参りの後、帰り道では、老舗のだんご屋さんに入った。映画『男はつらいよ』でも知られる、あのお店だ。多少の行列に並んで入った店内には、渥美清や山田洋次監督の撮影時の写真などが飾ってあった。しかし、そうしたものに洋介の関心はなく、ただ待っていたのは餡子《あんこ》がたくさんのった草だんごである。そのお目当てのものがようやく席に届けられた頃、〝あれ〟がやってきた。

真っ赤な顔に大きな歯の獅子舞である。店内のお客さんを喜ばせようと、お店が招き入れたものだが、それが突然、洋介の背後から現れて顔をのぞき込んだから大変。「うおー」と大きな声を上げて店内を逃げ惑う。獅子舞が何かを知らない洋介にとってみれば、あの大きくて怖い顔が不意打ちで至近距離に迫ってきたのだから動転して当然だ。この騒ぎには、お客さんも獅子もびっくり。その後は獅子の方がとても気を使ってくれたが、僕ら家族はちょっとだけ面白かった（怖かった洋介には申しわけないが）。

一枚の年賀状

正月に限らず帝釈天をたびたび訪れるのは、「寅さん」について、僕に少し特別な思いもあるからだ。

15年ほど前になるが、山田監督をインタビューする機会に恵まれた。テーマは、映画のラストシーンによく出てくる「寅さんからの便り」についてだった。金釘《かなくぎ》流の独特な字、堅苦しい口上で反省の思いを伝えるあのはがきである。監督によると、文字については大道具のスタッフが、わざわざ利き手でないほうの手で、たどたどしく書いたものだそうだ。そして、その文面について印象的な話を聞いた。雑誌や新聞に少し書いたことがある話で恐縮だが、おぼえている人もいないだろうから、もう一度。

山田監督の友人に、少年院の教師がいた。ある日、知的障害のある少女が入ってきた。売春を繰り返していた。教師らは、愛情と肉体は別々のものではないこと、だから売春をしてはいけないことを懸命に伝え続けたけれど、少女はいま一つピンとこない様子のまま退所した。

教師らは心の内で案じていたが、数年たったある正月に一枚の年賀状が少年院に届く。そこにあったのは、「思い起こせば恥ずかしきことの数々、今はただ、後悔と反省の日々を過ごしております……」というような、少女には似つかわしくない口上（監督は「無声映画のセリフのよう」と言った）が並べられていた。きっと、誰かに教わって、懸命に書いたのだろう。その姿を思うと悲しくて、職員らは互いに顔を見合わせて笑い合うしかなかった……という。

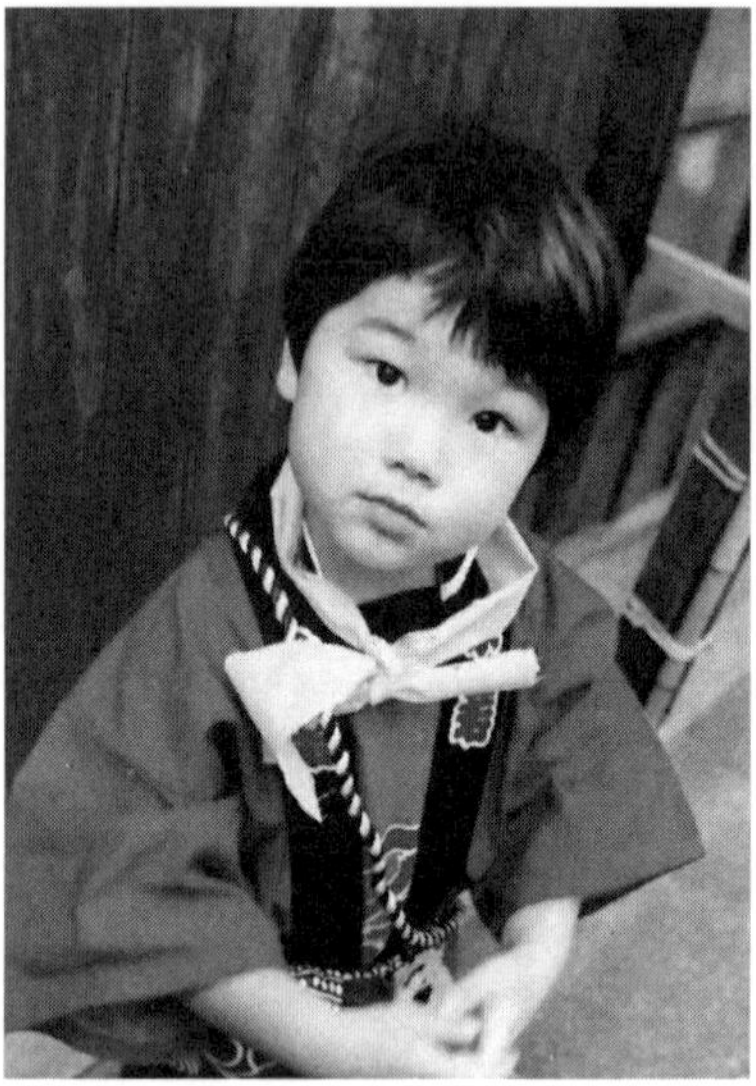

洋介が与えてくれたもの

諦めることと得られるもの

自閉症などの障害がある子を育てていると、何かを諦めることもある。それは、子どもを持つ前になんとなく描いてきた希望のようなもの。勉強やスポーツがよくできる子、芸術に才能豊かな子、快活に仲間と遊ぶ子に育ってほしいというような素朴な思いなのだが、現実を前に葛藤しながら、いつかそれらの一つ一つを手放さなければならないときがくる。その頃の自分を振り返ると、不安で苦しい日々もあった。

ただ今は、諦めることは、そんなに悪いことではないとも思っている。それはなにか余計に身にまとっていたものを、一枚一枚はがされていく過程でもあったからだ。わが子である洋介のただ一人の父親として、彼を理解し、その個性を認めるには、「人より勝《まさ》っていなければいけない」とか、「人と同じでなければいけない」とか、そんな物差しは不要だったし、じゃまにもなった。その子にはその子の美しさがある……50年以上も前、おかしな年賀状を教師に送った少女のように。

向きを変えれば、人生に重苦しくこびりつくものから僕を解放してくれるのが、洋介という存在だった。そして、諦め失った地平から、静かに、密《ひそ》かに、あふれ出てくる感情もあった。

「愛することを知る」ということ

そういえば、20代のときに編集者として担当した直木賞作家の先生には重度障害のある娘さんがいて、すでに亡くなっていた。ある日、先生は僕に「死んだ娘から、『私が生まれなかったら、お父さんは愛することを知らなかった』と言われた」と話してくれた。信仰のある人だったから霊的なエピソードを挙げられたのだが、当時の僕もまた、愛するということを知らない存在だと、先生の目に映ったのかもしれない。

先生から毎週原稿をもらっていた小説は、その後、単行本となって発売された。ところが、それから何年もたたないある日、ショックなニュースを目にすることになった。先生の自宅で火事が起き、火元の部屋で寝ていた先生は焼死したのだ。ワイドショーの騒ぎが収まらないうちに、僕らも葬儀の長大な列に加わった。先生、娘さんと再会できましたか?

そのときの先生の年齢を越えて、僕はまだまだ、洋介とともに道の途中にいる。『男はつらいよ』最終作のラストでリリーの家を出たまま永遠の旅人になった「寅さん」を、全作また見直しているところだ。

いつまでも守る…の願いは叶わない
着実に近づく「親亡き後」

その日は、いつもより早かった。ラッシュアワーになる前の、空疎な車両を西日が満たしている。洋介が「自閉症」であることを告げられた朝は、これと逆行きの列車に乗って職場に向かい、車窓を過ぎる土地をまるで初めて見るように眺めていた。それが、同じ場所を通過する夕方は、遠い昔に見た風景のようで悲しかった。当時の僕は、国会議員が関与したある事件の取材で深夜に帰宅することが多かったが、その日なぜ、明るいうちに帰路についたのだろう。

青葉台駅の改札を出ると、視界の隅から小さな影が駆けてくるのが見えた。洋介だった。憂い一つない笑顔で、僕のおなかのあたりに飛び込んできた。そのほんの数秒の映像が、なぜか脳裏に強く焼き付いていて、思えばその瞬間、僕は洋介から一生分のなにか重要なものを渡された気がする。そうだ、その日、ただ無性に洋介と会いたくなって、職場を早く出たのだった。

「いつまでも」は叶わない

恥ずかしいけれど、その頃、号泣しながら目覚めた朝もあった。どんなことがあっても、いつまでも、パパが守ってやるんだと言って抱きしめたのに、夢から覚めると目に一滴の涙も付いてなかった。だがやがて、「いつまでも」は叶わないと理解しなければならなかった。わが子より一日だけでも長く生きて……と考えるのは責任感ゆえかもしれないが、子どもから見たら親の身勝手な思い込みだろう。

「自分が死んだらこの子は……」と抱え込む親の気持ち。しかし、自分に衰えがやってくると、その思いはときに絶望へと変わる。高齢な親が、こちらも高齢期を迎えつつある障害のある子を道連れに心中を図ったり、将来を悲観して殺害したりといった事件は、今も昔も珍しくない。悲劇を繰り返さないため、障害のある高齢の人が親と離れても安心して入居できる、つまり入浴介護など高齢者向けの機能も併せ持つグループホームが大阪にできたが、その責任者と話をしたときに彼が言ったのは、

「本当はできるだけ早く、20歳代からグループホームに入ったほうがいい。社会で自立して生きる力が身につくからです」

ということだった。洋介の持って生まれた可能性を広げ、より豊かな人生を歩めるようにするには、早くグループホームを見つけて手放すべきなのだろうか。ただ、それを想像するだけで思わぬ喪失感に襲われる自分もいた。

「君たちに迷惑はかけない」は余計なお世話？

障害のある子どもがいる親が、共通して抱える「親亡き後」の問題。それは親だけでなく、きょうだいたちにも当然にかかわってくる。わが家には、やや頼ってよさそうな次男と、「私が面倒を見る」と言いきれる性格の長女がいる。しかし、人生の負担にならないよう、次男には進学と同時に一人暮らしをするよう促した。それが間違っているとは思わないが、最近は「それだけではないのかな」と考えることもある。この文章を書くにあたって過去の写真たちを改めて見直すと、次男と長女それぞれの歴史に、洋介はけっして小さな存在ではなかった。「君たちに迷惑はかけない」というのは、余計なお世話だろう。

そしていつの間にか、僕ら夫婦も50代半ばになっている。これから、公の福祉サービス

25年前の洋介と僕

で暮らせる態勢を作れたとしても、弟妹は望む形でかかわればいいと思う。

グループホーム問題　重要なのは「人」

将来の暮らしのためのお金に関しては、すでに障害年金を受給しているのに加え、もう20年も「障害者扶養共済制度」の掛け金を２口、千葉県（２年分は大阪府）に支払ってきたので、僕が死ぬか重度障害を負った場合は、洋介は生涯にわたって月４万円がもらえることになっている。これで金銭面での手当ては十分というわけではないが、むしろ主な課題は「住」、洋介の「終《つい》のすみか」をどうするのかということになるだろう。

地域のグループホームには空きがなく、洋介が通所する法人では、もう新設する余力がないという。めどが立たない中で、大規模な施設に入所する子もいるが、どうしても遠方になる。保護者が資金を持ち寄ってグループホームを建てることも構想されるが、実際に共同生活をするとなると入居者同士の性別や相性も問題となって、資金を出した人が思惑通りに住めるとは限らない。それに、何より重要なのは、「誰に運営を頼めばいいのか」「必要な人材は得られるのか」ということだ。最終的には「人」の問題となる。

洋介のセーフティーネットは…

先日、障害支援区分の再調査を3年ぶりに受けた（結果は再び最重度の「6」だった）が、その場に、洋介の相談支援専門員（障害福祉サービスの利用計画の作成などを行う）になる人が、契約のためにやって来ていた。洋介が小学校に入りたての頃から特別支援学校の高等部を卒業するまで通っていた佐倉市の児童デイサービスと同じ法人に勤務する人で、「来る前に同僚たちから、洋介君の話をたくさん聞いてきました。写真も見せられたんですよ」とのことだった。

10年以上、毎日のように通ったこのデイサービスは、印旛沼のほとりの雑木林に囲まれ、戦後の農村に戻ったかと思うような古い民家を借りていた。大学時代からスタッフとして働き、そのまま就職した職員もいて、洋介とは長いつき合いである。障害のある子の放課後活動に関しては先駆けの一つであり、そのため専門誌の取材を受けたことがあって、洋介がグラビアページを飾ったこともある（若い職員にたかいたかいをしてもらっているシーンで）。ダウン症のお子さんを育ててきた歌手の水越けいこさん、その盟友の丸山圭子さんらが参加した記念イベントでは、一緒に「くまのこうちょうせんせい」という劇を、地域の人たちに披露した思い出もある。洋介にとっては第二のわが家のような場所で、長く充実した日々を送らせてもらった。

どれも8年以上前のこと。それでも、洋介についてそんなに多く語れる人が、そこに何人もいてくれることが心強い。

子どもを育て、地域を育てる

障害のある子と地域の人たちを結びつける試みとして、僕が好ましく思っているものに、「ぷれジョブ」という活動がある。2003年、岡山県倉敷市で、中学校の特別支援学級の教師だった西幸代さんらが始め、全国各地に広がっている。小学生以上の子どもたちが地元の会社や商店で働くのだが、特別支援学校などで行うような職業訓練ではない。地域の大人たちと一緒に仕事をしたり、お客さんとやり取りをしたりしながら、その子にとって暮らしやすい環境を育てていくことが目的となる。直接、就労と結び付くものではないため、重度障害の子どもも参加しやすい。

始まって10年ほどの時期に取材をしたが、東京・杉並区では当時はまだよく見られた「タバコ屋さん」で小学生の男の子、長野の小諸市では市営の動物園で中学生の男の子、東日本大震災後の青森・八戸市ではスーパーマーケットで高校生の女の子……というように、様々な業種の職場が協力していた。滋賀・大津市役所の支所では、発達障害のある小学5年生の男の子が、市職員と一緒に会議室の掃除や本棚と掲示物の整理をしていた。

このぷれジョブの特徴は、受け入れ先の責任者、学校の先生、保護者などの関係者が全員、ボランティアで参加し、定期的に交流会を開くことを基本としていることだ。ただ子どもが仕事を体験して終わりではなく、子どもを取り巻く地域のキーマンたちが顔を合わせて話す場を設けることで、障害のある子が生きていける地域を作り上げていく仕掛けとなっている。つまり、子どもと地域の大人たちを同時に育てていくのである。これも障害の社会モデルにかかわるのだろう。とりわけ、参加する子も周囲の大人たちも堅苦しさがなく、プレッシャーを感じていないように見えるのが良かった。新聞の社会保障部というところにいて、いろいろな土地で行われる様々な先進的な取り組みを取材したが、「これが僕らの住む町にもあれば……」と思ったのは、このぷれジョブが一番だった。

洋介が築いた「生きる力」

ぷれジョブが目指すような地域との関係という意味では、今でも声をかけてくれる小学校の同級生たち、洋介のために保護者たちの前で泣いた先生、根気よく相手をしてくれる歯科医院の人たちや理容師さん、小児科医なのに今でも主治医でいてくれる近くの先生、脱走して迷い込み勝手にアイスを食べているのを見守ってくれるコンビニの店長……これは洋介の立派なセーフティーネットであり、彼が自ら築いてきた「生きる力」ではないのだろうか。親がすべきは、それを生かせる「器」をこしらえることだ。

「親亡き後」がなんら具体化していないことは不安だが、人を信じることから光が見えてくるのだと思う。

成人式では大人気　晴れ着の同級生から飲み会に誘われ…きっと夢は叶うよ

その日は曇り空だった。紺のジャケットに青いネクタイをした洋介を真ん中にし、玄関先で写真を撮った。家族写真というのはいつ以来だろうか。こうしたことを嫌がる年頃の次男も、まもなく要らなくなる高校の制服を着て加わった。１９９３年、信州の天竜川に近い病院で洋介が生まれてから20年がたち、成人式の日が来たのだ。

居酒屋、洋ちゃんも来ませんか？

会場となる体育館に行くと、すでに晴れ着とスーツ姿であふれていた。同窓の若者たちがそれぞれに集まり、話が盛り上がっていたが、洋介は中学から少し離れた特別支援学校に進んだから、それ以降のクラスメートはいなかった。それでも僕ら家族にとっては特別な日であり、通過点ながら、なにか「達成」のような感覚もあった。

そんなとき、一人の晴れ着の子が声をかけてきた。「洋ちゃん！　ですよね」。それは洋介の幼なじみで、最初の幼稚園で洋介がつらい仕打ちを受けていると「告発」してくれた女の子だった。

見違えるようなお嬢さんに成長していたその子に呼ばれ、小学校で同学年だった女の子たちも集まってきた。昔の友だちは皆、すっかり大人の女性に変わっていたが、洋介はそれぞれの面影をおぼえているようで、緊張することもなく、うれしそうな顔をしていた。

それを控えめに遠くから見ていた男の子は、一団が去ってから、「一緒に写真を撮ろうよ」と言ってきた。「今日、居酒屋でお祝いの会を開くんだけど、洋ちゃんも来ませんか？」と誘ってくれた（親同伴の会になっては興醒めかと思い、辞退したけれど）。

20年の重み、にわかに実感

なかなか生まれず、医師から「胎児の突然死もありうる」と言われ、生まれてからもしばらく保育器から出られなかった20年前、洋介が自閉症だと告げられた17年前……。この日が来ることを想像すらできなかった。いや、成人式の前日まで、その実感はなかった。

だが、会場で仲間に囲まれている洋介を見ていると、彼が生きてきた20年の重みが、いつの間にか僕ら夫婦の上に降り積もっているのを感じた。曇り空から舞い落ちる雪のように。

昔の友だちに会えて上機嫌の洋介

“財産”は障害のある子にも周囲の子にも

障害のあるお子さんを育てている女優さんにインタビューをしたときのこと。小学校入学にあたり、迷った末、特別支援学級ではなく、通常学級を選んだばかりだった。有名人ともあれば、そんな一つ一つの選択さえも注目され、ときには批判されもするだろう。彼女は、

「私たち夫婦の夢は、成人式の会場で、息子が同級生たちとハイタッチするのを見ることです」

と明かした。僕は、

「きっと、叶いますよ」

と言った。

全ての子にとって、地元の小学校や通常学級に通うことがいいわけではないだろう。通いたくても、望みが叶わないケースもある。洋介の場合も、小学校高学年になって他の子どもたちと一緒に活動する機会が少なくなり、中学からは特別支援学校を選んだ。正解がどこにあるかはわからないが、少なくとも、幼い頃にともに過ごした経験は、障害がある子にとっても、その周囲にいた子にとっても財産であることは間違いない。

ここまで書きつないできた拙い文章もこの辺で終わりにする。様々なご意見があるだろうし、僕らよりもっと長い時間を障害のある子と生きてきた親御さんたちにとっては、未熟な世迷いごとを聞かせることになってしまったかもしれない。それでも読んでいただいた方には、感謝の言葉しかない。

こうして在宅勤務で書いていると、洋介が静かに近づいて隣のいすに座り、僕が原稿を書くときのくせである貧乏ゆすりをまね、右足を動かしている。こんな日々を、いつまで続けられるのだろうかと思い、ふと天井を見上げた。日々は去り、人は……なんて言うのはまだ早いか。

対談

×

小児外科医・**松永正訓**さん

障害のある子の自立とは…
やがて来る「子離れの試練」

梅崎　松永さん、ご無沙汰しています。今日はお時間を取っていただき、ありがとうございます。松永さんのヨミドクター連載「いのちは輝く～障害・病気と生きる子どもたち」の担当編集者を私が務めたわけですが、その終了後に始まったのが、私の連載「アラサー目前！自閉症の息子と父の備忘録」で、松永さんにも時折、読んでいただいていたとお聞きしました。どう思われていましたか？

松永　まず、文章がとてもいいなと思っていました。深刻ぶってないし、過度にポジティブでもなく、いい具合に肩の力が抜けていて。僕は仕事柄、闘病記を読むのが好きで、患者さんの手記も読むんですけど、今まで読んだものとは違って、とにかく力の抜け方が良かったんですよ（笑）

梅崎　ありがとうございます！（笑）

松永　なんでこんなに力が抜けているんだろうと。連載のとき、洋介君（仮名）が27歳くらいだと思うんですけど、それまでに障害への受容が進んでいて、いろんな経験をくぐり抜けて来ているからではないかと思いました。

梅崎　いつか書こうという気持ちは若い頃からあったんですけど、同時に「今の自分では書けないな」とも感じていたんです。洋介の自閉症という問題にぶつかり、現実に追い回されてき

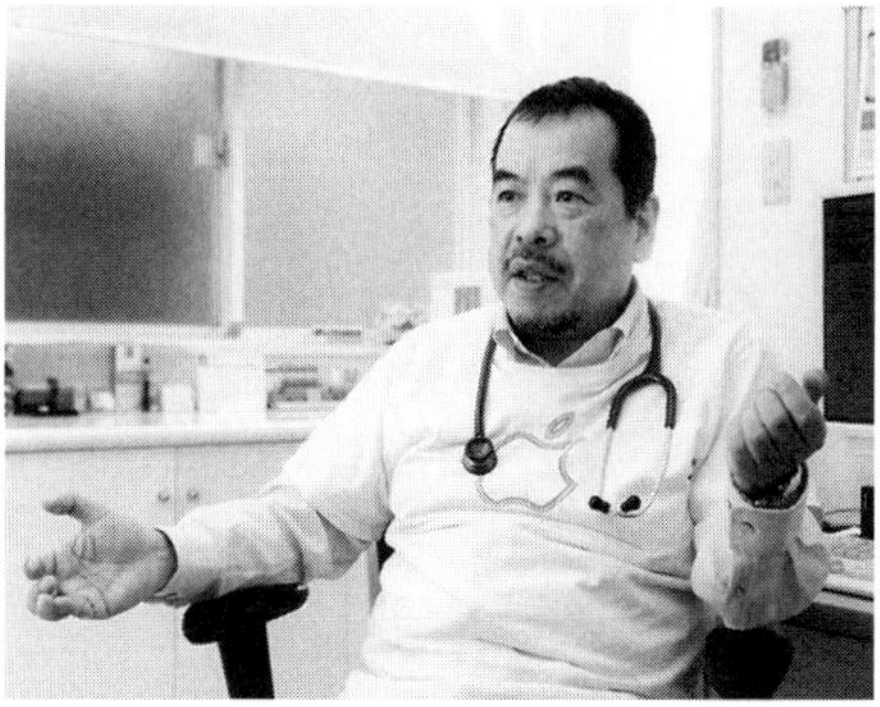

松永正訓（まつなが・ただし）
1961年東京都生まれ。87年千葉大学医学部を卒業、小児外科医になる。99年に千葉大小児外科講師に就き、日本小児肝がんスタディーグループのスタディーコーディネーターも務めた。国際小児がん学会のBest Poster Prizeなど受賞歴多数。2006年より「松永クリニック小児科・小児外科 」院長。著書に『運命の子 トリソミー 短命という定めの男の子を授かった家族の物語』（小学館ノンフィクション大賞）、『発達障害に生まれて 自閉症児と母の17年』（中央公論新社）、『どんじり医』（CCCメディアハウス）ほか多数。（撮影／小倉和徳）

た体験と、そのときの自分との距離が近すぎて消化できないままで、人に読ませるものはまだ書けないなと思っていました。それが、50歳を越えてヨミドクターの編集長になり、人に依頼していた、それこそ闘病記的な連載の予定が頓挫《とんざ》して「さて、どうしよう」と考えたとき、「そうか自分が書けばいいんだ」と自然に思えたんです。始まり方も力が抜けていたんですね。

松永　何かが熟したんでしょう。コメントもいいものが多くて、「勇気づけられました」とか。僕が印象的だったのは、地域に特別支援学級がなくて、いろんなところに行って、大変な思いをして、結果、作ってしまったという話。すると、後に続く子どもたちがたくさん出てきた。誰かが先陣を切って、扉を開かなければいけないんですね。

梅崎　自分の息子のためにしたことで、後のことは予想もしていなかったんです。養護学校（当時）

ではなくて、地元の学校に行きたい、行かせたいという人たちが、実はこんなにいたんだと驚きました。最近、洋介と一緒にその小学校をのぞいてきたんですけど、特別支援学級に15人もいるんですね。クラスも3つに分かれていて。それを見ると、あのとき頑張って、結果、良かったんだなと思います。

自立に必要なのは「助けられる力」

松永　連載に「地域」という言葉がたくさん出てきました。行方不明になって捜していたときに、お店で勝手にアイスを食べていて、それを店長が見守っているというシーン。それって、まさに地域なんですね。今の世知辛い世の中で障害者問題を語るとき、「地域って本当にあるのか」と常に議論になります。国は「大規模な施設から地域へ」と言うんだけど、障害のある人にとって地域はあるんですかと。地域ってとても難しい。そういう意味では、洋介君はとても恵まれていますね。

梅崎　3歳のときから引っ越すこともなく、ずっと見てもらっていることが大きい気がします。最初から地域があったわけではなく、洋介とその人との関係があって、それが近所のお父さんお母さんだったり、お店の人だったり、学校や施設の人だったり。その一つ一つが網の目のようになってきて、彼にとっての「地域」を作ってきた気がします。

松永　それって、障害児が生きていくためのヒントになると思います。障害児って孤立して生きられないし、生きるべきでもない。できないことがあるから、人に助けてもらうことがあります。助けてもらうことで人と人のつながりが生まれ、それが共生社会だと思うんです。その中で生きることが、障害児、障害者にとっての自立だと僕は思っています。自立とはみんなと一緒に暮らすこと。自立と対極にある言葉は孤立なんです。

梅崎　助けてもらうということがすごくたくさんあるんです。連載にも書きましたけど、車にはねられそうなところを近所のお父さんに保護されたり、危ないところを救ってもらったことはいっぱいある。助けられ慣れしている部分もあるんですけど、別の見方をすれば、洋介自身に「助けられる力」があるのかなとも思います。それが自立ということなのかもしれません。いつか親がいなくなったときにも、それがあれば生きていけるという大切なものではないかと。

松永　そうですね。

梅崎　東日本大震災で被災したある地域を取材したとき、この本にも書いたんですが、障害者を支援しようと他の地域から来たグループが困惑していたのは、「障害のある人はいるはずなのに、どこにいるか見えない」ということだったんです。外に助けを求めず家族で抱えてしまっているのではないかと心配されました。自立とは何か。孤立し、自力で生きていこうとすることは自立と言えるのか。障害のある子や障害のある人が、親が亡くなった後も生きていけるようにするのは、本当に家族の力だけでできることなのか。震災の経験は、そうしたことを考えるきっかけにもなったと思います。

松永　今、「助けられる力」って出てきたんですけども、それはとってもいい言葉だと思います。宮崎に講演に行ったことがあって、会場には脳性麻痺の人や筋ジストロフィーの人などがいて、その中に頸椎損傷の人がいました。電動車いすに乗っていて、左手だけが動く。そのとき40歳くらいで、20歳で事故に遭ったので、20年間健常者、20年間障害者だったわけです。彼とは今も仲良くしているんですが、この間話していると、「なんでもできるっていうのは、大したことじゃない」って言うんです。一人ではできないことがたくさんあるんですが、引け目は全然感じてなくて、「できなければ周りを巻き込めばいい」と言う。ですから、「助けられる力」という言葉には、真実があると思います。

梅崎　しかし、若い頃はそんな気持ちになれなかったですね。他人の手を借りずにどうにかしなきゃとか、自分たちが頑張ればいつか他の子のようになれるんじゃないかとか……。それが、どうにもならないことがあると知らされ、誰かの力を借りないと前に進めないとわかってくる。自分たちでできることはするけれど、できないことは助けてもらっていいんだと思えるようになったんですが、ただ、月日はかかりました。

松永　障害の受容って月日がかかることで、一直線にはいかず、らせんを描いたり、三歩進んで二歩下がったりしますよね。受容したと思ったら振り出しに戻ったり、行きつ戻りつしたり。しかし、最初は「諦め」かもしれないけれど、そこからさらに進んでいける。「こんな子でもいい」から、「この子でなければ」に変わっていくんです。

障害児を授かってどう生きていくか

梅崎　松永さんの連載の最後にインタビューさせてもらったときに、障害のある子の親たちからお手紙などをもらうことも多いということをお聞きしました。松永さんから見て、障害のある子を長く育てて来た親たちに共通することってあるんでしょうか。

松永　そういう人生を歩んできて、大変は大変なんですよ。だけど、「不幸ではなかった」とみなさん言いますよね。いろんなことがあったけど、やり遂げられた「プライド」のようなものを仄かに感じます。口に出して言う人はいないけれど、「この人は人生をちゃんとていねいに、深く生きてきたんだな」と。障害児を授かって、これからどう生きていくか、人間ってそれを自由に決めていいと思うんですね。悲しく、つらく、暗い人生を歩んでいる人もいます。でも、そうじゃない人生を選ぶこともできる。それは、子どもに障害があってもなくても同じだと思うんです。

梅崎　障害があっても、どんどん外に出て行って、少しでも世界を広げ、豊かにすることが、親がいなくなった後の人生を少しでも楽しいものにしてくれると思うんですが、中には子どもを抱え込んでしまう親御さんもいますね。親子とも高齢になってもまだ手放せない。高齢になるほどそうなる気持ちはわかる気がします。

松永　子離れしがたいというのは、子に障害があってもなくても、日本人に特有なことかもしれません。僕も最近、長女が就職して一人暮らしを始めたんですけど、すごく寂しいんですよ。でも、同時にうれしいんです。子どもを一人育て上げ、やりとげたという感じなんです。梅崎さんもたぶん、子どもを育てる楽しさとか、学んだことって、他の人より多かったんじゃないですか。大変なこともたくさんあったと思うけれど、いい思いもたくさんしたんじゃないかと。

梅崎　そうですね。いい思いはたくさんしました。学校や地域で、うちの子のことを理解してくれる友だちや、愛情を注いでくれる先生や大人に出会ったとき。学級通信で洋介を紹介してくれる同級生がいたりするだけですごくうれしいし、「人を信頼する」ということを多く経験する。もしかしたら、他の親よりも恵まれているのかもしれません。自分のことで言えば、もし洋介がいなければ、もっと仕事中心の人間になっていたのではないかとも思いますし、彼の存在が親の人生を豊かにしてくれているという実感はあります。

松永　おせっかいな言い方になりますが、この後、グループホームかどうかわかりませんが、洋介君が自立したときに、自分を肯定できるんじゃないかと思います。

梅崎　そうですか。それがいつ来るのか、全然想像できないんですよ。いつになったら、自分はこの人を育て上げたと思えるのか。そんな日が来るのかと。もしグループホームかなにかに入って、「もう家に帰らなくても、パパとママと一緒でなくても寂しくない」と、洋介のほうがそうなったとしたら、そのときかな……。

松永　いろんな形がありますよ。僕が知っている作家さんで、お子さんが重度障害で入所施設に入っているんですが、両親が年を取って、週末に迎えに行くのがしんどくなってきたというので、今度は親のほうが施設の近くに引っ越しました。選択肢は少ないようで、いろいろあるんです。ただ、地域によっては、障害者向けの施策が手薄なところは確かにあって、東京周辺はまだいいんですが、入所できるところが県内にはないというケースもあります。隣の県やさらに遠い場所に子どもを預けているという例も報告されていますから。

梅崎　私も取材する立場から反省しなければいけない。確かに、先進的な例や新たな取り組みについては取材をしますが、そうでないところの情報にはあまり触れる機会がなかったと思います。

「きょうだいの日」を設けよう

松永　連載の中には、弟さんや妹さんの話がでてきます。小児医療をやっていると、常に病気の子のきょうだいの問題を問いかけられるんです。大学病院で20年近く小児がんの子を診てきたんですけど、入院治療に最低でも1年、場合によっては2年くらいかかると、きょうだいが引き離されちゃうんですよね。家に帰ってからきょうだいの関係がうまく築けなかったり、闘病の間、きょうだいが遠い親戚に預けられていたりするケースを、僕はたくさん見てきました。きょうだいの支援って、とても大事だなと思っているんです。障害児のきょうだいでは、あるときはケアの要員に組み入れられたり、自分だけが勉強や遊びができることを後ろめたく感じていたりして、自尊感情がうまく育っていかないことがありますね。

梅崎　そんなきょうだいの孤立を防ぐために、集いの場を作ろうというアイデアが身近で持ち上がったりするんですが、親主導でそうしたグループを作ると、「親が年老いたときには、自分が保護者にならなければいけない」という意識が強くなり、かえってきょうだいを縛る結果になるのではないかと懸念を持ちました。同じ立場の人たちが支え合うことは重要ですが、どんな立場で、どんな性格の集まりを作るのかは考えなければいけないなと。

松永　自閉症の子がいるお母さんの話を聞いたんですが、きょうだい3人で出かけても、自閉症の子ばかりに注意が向かって、他の2人を自由に遊ばせることができないというんです。そこでお母さんが言っていたのは、「地域で見守ってくれるなら、他の2人と思う存分遊んであげられる」ということでした。やはり、地域の力が必要なんです。

梅崎　本当にそうですね。障害のある子にとってもそうですが、きょうだいにとっても、地域の支えが必要なのは同じです。

松永　洋介君の弟さん、妹さんはどうですか。お兄さんとの関係は。

梅崎　やはり2歳差と年が近い弟のほうが複雑に影響を受けていると思います。妹は11歳も離れているせいか、自閉症の兄のことも、わりとシンプルに受け止められているようです。物心ついたときから今の状態でいるわけで、「ちょっと変わった、おもしろいお兄ちゃん」だったのではないでしょうか。それに親の経験や成熟度の違いもあって、弟のときには親も若く、今ならそうはしなかっただろうとか、十分なことがしてやれなかったという申しわけなさがありますね。うちだけでなく、家族の中での役割に自分を当てはめてきて、ときには「いい子」を貫いてきたようなきょうだいたちは多いようです。一見して明るく快活な子でも、人知れず相当な葛藤を抱えていることもある。そうしたきょうだいたちが、どこかで束縛を解いて身軽になれる機会を持てればいい。できれば、家族や障害関連の組織や法人などからは離れ、それこそ地域にそうした場があればいいのでしょうね。そして、きょうだいたちの人生のためにも、親自身が抱え込まないことが大切だと思います。

松永　小さい子がいる親御さんに、僕は「きょうだいの日」を設けるよう勧めています。その日は、障害のある子を預かってもらって、きょうだいの子を中心に、遊んで、目いっぱいほめて、抱きしめてほしい。

梅崎　意識してそうすることが必要です。いろんな事情が生じて、結局、障害のある子中心に戻ってしまいがちなことは、経験上、はっきりと言えます。だから、若いお母さんお父さんは、そこは強く意識して、無理してでも継続してほしいですね。

「子離れって、どうやったらできるんでしょうか？」

梅崎　最後に松永さんにお聞きしたいんですが、子離れって、どうやったらできるんでしょうか。自信がないんですが。

松永　どうやったらできるのかなあ。病気がある子、障害がある子って、親から見たらかわいいんですよね。経験のない人にはわかりにくいんですけど、僕はそんな親たちをたくさん見てきました。一般の子離れよりも難しいのかもしれません。

梅崎　だんだんかわいくなってきますね。いろいろと問題行動があって困っていた時期もあるんだけど、そうした大変な時期が去って、こちらにも余裕ができてくると、またかわいくなってきます。

松永　理想を言えば、わが子を受容して、その先に、わが子を承認することができれば、一人の人間としての「自立」を考えるべきなんでしょうね。子どもの幸せを考えると、親は寂しくても。

梅崎　さっきも言いましたけど、息子のほうから離れてくれればと思ってるんです。グループホームなどに入って、訪ねて行ったときに「もう帰っていいよ」とか、週末自宅に戻って来ても「もう帰りたい」とか。もちろん言葉では言いませんけど、そんな態度を見せれば、仲間との今の暮らしが楽しいということなので、こちらも納得して子離れできるかもしれません。松永さん、きょうは貴重なお話をありがとうございました。

あとがき

1月27日　曙が外国人力士として初めて横綱に昇進
3月18日　新幹線「のぞみ」運行開始
6月9日　皇太子さま・雅子さまご成婚
7月18日　第40回衆議院議員総選挙　新党ブームで「55年体制」終焉
8月26日　レインボーブリッジが開通
10月28日　サッカー日本代表「ドーハの悲劇」
12月9日　法隆寺、姫路城、屋久島、白神山地が日本で初めて世界遺産に

長男・洋介が生まれた1993年に起きたことを並べてみた。こうして見ると、ずいぶん昔に感じることもあれば、今も記憶に生々しい出来事もあって、28年の月日は長かった

のか短かったのか、わからなくなる。洋介が自閉症であること以外、なんの特徴もないわが家に起きた四半世紀の出来事が書籍になる日が来るとは思いもしなかった。

「自閉症」。現在は自閉症スペクトラムと呼ばれることが多いが、28年の間にこの言葉への理解が進んだのは間違いないだろう。洋介が生まれた時分では、様々な書籍や媒体の中で、閉じこもりがちな精神状態や性格を自閉症と表現していることが珍しくなかった。文学作品にもよく見かけた。当時の状況では、理解不足と言うよりも、二つの意味が存在したと思ったほうがいいのだろうか。

しかし、そんな意味の混乱があったことで苦労し心を傷つけられてきたのは、自閉症の子どもの親たちだった。「育て方が悪かったせいだ」などと言われることが多かったと聞くが、それは実際、僕らにも何度かあった。「テレビの見せすぎが原因」との説が流れたのも、そう昔のことではない。障害のある子の親たちは、ただでさえ「自分たちの行動のどこかが悪かったのではないか」と、根拠もないことで自分を責めたり、原因を探したりしがちで、そこに無理解な言葉で追い打ちをかけられるのは、とても悲しい経験だったはずだ。

それが現在では、先天的な脳機能障害として自閉症は認知されている。映画やドラマ、書籍など様々なメディアで取り上げられたこと以上に、当事者の家族や専門家による地道な活動の成果だと言える。僕らも「自閉症というのは」と誰かに説明しなければいけないことはほとんどなくなった。その反面、メディアによって、記憶力や暗算力がすごい、独特の芸術的センスがある、私心がなくピュアな存在である……といったイメージが作られていくことに違和感がくすぶり続けたのも事実だ。わが家の洋介は、いたってフツーの存在である。

洋介と僕らの暮らしのことを、これまでとくに発信しようと思わなかったのは、自閉症の子育てとしてはとくに苛酷ではなく話題にもならないと考えていたこともあるが、経験があまりにも近すぎて、自分たちがこれからどうなっていくのかも想像できないままでは、客観的に見たり評価したりすることが難しかったのだろう。洋介が20代後半になってようやく、僕らの歴史が目の前に現れてきて、「今なら書いてもいいかな」と思えたのだ。そのような個人的な感慨も強い内容にもかかわらず、ヨミドクターサイトでの1年間におよぶ連載コラム、そして本書に関心を持ち、手に取ってくださった方々には本当に感謝申し上げたい。

ヨミドクターのコラムと本書に、優しいタッチながら絶妙なイラストを描いてくださったイラストレーターの森谷満美子さんとは、お互いにまだ若かった25年前、今は存在しない雑誌『週刊読売』で数学者・大道芸人のピーター・フランクルさんによる連載エッセイを一緒に担当して以来のタッグとなった。拙稿を連載の初回から最終回まで、一人目の読者として目を通してくれたのは、わが同期、1990年〝バブル〟入社組の藤田勝・ヨミドクター副編集長だった。サイト本体でも、Yahoo!ニュースへの配信でもヨミドクター史上最大のページビューを獲得した連載「いのちは輝く〜障害・病気と生きる子どもたち」の筆者で小児外科医の松永正訓さんは、クリニックの診療でお忙しいにもかかわらず、本書での対談を快くお引き受けくださった。たびたび引用したヨミドクターコラムの筆者は、いずれも僕が担当編集者としておつき合いいただいた方々である。書籍化では、週刊誌記者時代の先輩でもある中央公論新社の青沼隆彦さんをはじめ、編集の堀間善憲さん、装幀の木島聡子さんにお世話になった。

また、洋介が、いろいろな困難、危険な経験もありながら、今も健康に暮らしているのは、これまでかかわってくださった地域の人たち、学校・施設の方々の支えがあったからに違いない。皆さんに心からお礼申し上げます。

そして最後に、28年の間、洋介の一番間近にいて、苦しいことも悲しいことも飲み込み、そして笑ってきた妻・由美子は、本書の真の筆者と言ってもいいのである。まだまだ、長旅の途中だが、この本を折り返し地点として、ひとまず「ご苦労さま」の言葉に代えたいと思う。

２０２１年の夏に

梅崎正直

本書は、読売新聞社の医療サイト「ヨミドクター
(https://yomidr.yomiuri.co.jp/)」に2020年1月より
2021年1月まで連載されたコラム「アラサー目
前！ 自閉症の息子と父の備忘録」をまとめ、大幅
に加筆・増補したものです。

本文イラスト／森谷満美子
装幀／中央公論新社デザイン室

梅崎正直（うめざき・まさなお）

1966年北九州市生まれ。90年読売新聞東京本社に入社し、その年、信州大学病院（長野県松本市）で始まった生体肝移植手術の取材を担当。95年『週刊読売』編集部に移り、13年間にわたって雑誌編集に携わった。新聞の社会保障部、生活教育部（大阪本社）などを経て、2017年からヨミドクターを担当し、現在編集長。

自閉症《じへいしょう》の息子《むすこ》をめぐる
大変《たいへん》だけどフツーの日々《ひび》

2021年 8 月25日　初版発行

著　者　梅《うめ》崎《ざき》正《まさ》直《なお》

発行者　松 田 陽 三

発行所　中央公論新社

〒100-8152　東京都千代田区大手町1-7-1
電話　販売 03-5299-1730　編集 03-5299-1740
URL　http://www.chuko.co.jp/

ＤＴＰ　今井明子
印　刷　大日本印刷
製　本　小泉製本

©2021 The Yomiuri Shimbun
Published by CHUOKORON-SHINSHA, INC.
Printed in Japan　ISBN978-4-12-005456-3　C0095
定価はカバーに表示してあります。
落丁本・乱丁本はお手数ですが小社販売部宛にお送りください。
送料小社負担にてお取り替えいたします。

●本書の無断複製（コピー）は著作権法上での例外を除き禁じられています。
また、代行業者等に依頼してスキャンやデジタル化を行うことは、たとえ個人や家庭内の利用を目的とする場合でも著作権法違反です。